Hello!

シルクのべっぴん塾

Beppin-jyuku

足裏コロコロで10歳若見え！

筋膜ゆるトレ

Silk

Introduction

シルクの美history

私が"美"に目覚めたのは30代半ば。それを機会に美のヒストリーは、紀元前ならぬ美元前から美元後へ。意識が変わって人生が一変しました！

和菓子問屋の娘として、食べるのも踊るのも大好きな女の子でした

実家は大阪の和菓子問屋で、もちろん食べるのも大好き。三姉妹の長女として賑やかに育ちました。当時の日本は高度経済成長の真っただ中で、海外の文化が次々と入ってきた時代。女の子のお稽古ごととしてバレエもポピュラーになり、私も当時から踊るのは大好きでしたね。

"アラレちゃん"と呼ばれ、英語の先生になると信じていた大学生のころ

外国語大学に進学し、英語の先生を目指していました。しかし現実は厳しく、人前で話すことや教えることも苦手。毎日の授業に付いていくのに必死で、お洒落に興味を持つ余裕もないほど。教育実習先の高校では、1度も生徒から「先生」と呼ばれることがなく、ずっと「アラレちゃん」と呼ばれてましたね。

Trend of the BEAUTY

1960年代

"美の黒船"、ツイッギー来日(1967年)。ミニスカートが流行し、痩せること=美しいという価値観が日本に定着する。

60's

1970年代

室内ランニング・マシーン「ルームランナー」発売。運動系ダイエット機器の先駆けとして大ヒット。着るだけで痩せるサウナスーツや痩せるテープなど、あやしげな痩身グッズが流行。ダイエットの基本はカロリー計算。

70's

面白いことがイチバン。デブでもブスでも「笑いがとれる」と開き直っていた漫才師時代

大学卒業後、幼なじみの同級生・ミヤコさんと漫才コンビ「非常階段」を結成。相変わらず美容にはまるで興味がなく、とにかく笑いがとれることがイチバン。二重顎もネタになるので、ブスでも太っていても、それが「おいしい」要素になるとうれしかったのです。

体重57キロの体を、Lサイズのボディコンに押し込んだバブルのころ

仕事や遊びで午前3時に飲んだり食べたりも当たり前。肩パッドの大きなボディコン服で少し着痩せしてみえますが、体重は57キロ前後の太め体型。サイズはいつもＬをセレクト。

突然の相方の病死。これからどうすればいいのか悶々と悩む日々

若くして相方を亡くし、漫才は続けられず、一人では何もできないと悩んでいた1996年ごろ。太っていることからダイエット企画に抜擢され、断食に近い食生活で３キロの減量。初めて「自分も痩せられるかも」と思ったものの、その後も生活は変わらないまま…。

美元前

1980年代

80's

〝白米(炭水化物)をしっかり食べ、油分を一切摂らない〟、「鈴木その子式ダイエット」がブレイク。

映画『フラッシュダンス』(1983年公開)。エアロビクス、ジャズダンスなどのダンスブーム到来、「骨盤体操ダイエット」(川津祐介)など自宅でできるダイエット運動が流行に。女性誌ではダイエット特集がベストセラー企画として定番になる。

バブル時代の王道は〝単品食べダイエット〟。「リンゴダイエット」、「ゆで卵ダイエット」、「コンニャクダイエット」が次々に登場。

in New York.

傷心のN.Y.で「顔面筋トレ」と運命の出会い

引きこもり気味の生活で自分史上最高の159センチ59キロまで増え、ストレスから片側が顔面神経麻痺に。そんな行き詰まりから友人を頼りN.Y.滞在を経験。そこで出会った顔面筋トレが、美の意識を大きく変えるきっかけになりました。

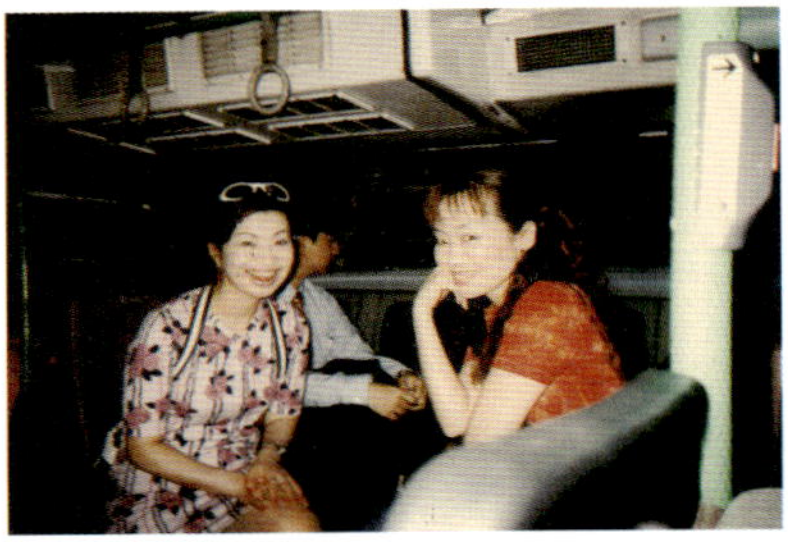

親友の言葉で“おばちゃん”からの脱出を決意

30代半ばのころ、タレントで親友の遙洋子ちゃんとの待ち合わせに急いでいたとき、ウィンドーに映る自分の姿に愕然。洋子ちゃんからも、「どこのおばちゃんが来たのかと思ったわ」と追い打ちをかけられてショックでした。でも、その言葉で目が覚めました。

☆ Surprise

美に目覚め、一念発起 1年で10キロ痩せました!

N.Y.では顔面筋トレに加えてサルサ教室にも通い、セントラルパークを走るのが日課。みるみる痩せ始めました。すっかりランニングにハマって帰国後も週に5〜10キロはラン。食事も極度のカロリー制限で、結果10キロの減量を達成。でも生理不順に冷え性など体調は最悪に…。

Trend of the BEAUTY

1990年代

90's

「黒酢ダイエット」、ダンベル体操、カロリーカット系のダイエットサプリメントがポピュラーになる。ダイエットスリッパや発汗ベルトなど、ショップチャンネルでも痩身運動器具が次々に販売される。

2000年代

2000's

ビリー隊長の名フレーズ「ワンモアセッツ!!」とともに、アメリカ軍の新人訓練をベースにした短期間エクササイズ「ビリーズブートキャンプ」がブレイク。デューク更家の「ウォーキングダイエット」、「レコーディングダイエット」、バランスボールもブームに。

シルクの美history

マラソンも筋トレも自己流で失敗を繰り返していたころ

テレビのマラソン企画に呼ばれるほど、世界各地のマラソン大会でも走るようになっていました。ただ、走りすぎて胸やお尻は小さくなり、過剰に発生する活性酸素による肌荒れに悩まされたり、「走って痩せる」ことに違和感を抱き始めるようになっていきました。

ピラティスと出会い、食事の大切さに気づいた40代

次第に、大切なのは体の「外」だけでなく「中」だと気づき始めます。ランニングをスロージョギングに替えて、「野菜ソムリエプロ」の資格を取り食生活も意識。自己流の筋トレにどこか違和感を覚えたときに出会ったのが、全身をしなやかに鍛えるピラティスでした。その出会いこそ、いわば美元後のセッション2のスタート。そこでは「筋膜」との出会いが待っていたんです。

美元後

2010年代

「朝バナナダイエット」の大流行で全国の店舗からバナナが消える一方、ヴィーガンやベジタリアンといった食生活を実践する人が増加。

サルサダンス、ベリーダンス、カーヴィーダンスなど、「ダンス・ダイエット」のトレンドが細分化していく。

「低糖質・糖質オフダイエット」、「グルテンフリーダイエット」などカロリー神話が崩壊する食事法がブームになる。スロートレーニングなどの鍛えすぎない、しなやかな筋肉づくり運動が流行。

骨や筋肉を包む「筋膜」の重要性が解明されてくる。筋膜と体の動きを踏まえた、「美しくしなやかな体」のためのエクササイズに注目が集まり始める。

2010's

美に目覚めたら、
楽しい旅が始まりました！

「美ヒストリー」いかがでしたか？　改めて「私って遅咲きだなあ」と呆れながらも、顔も体もパンパンのあのころがどこか愛おしいような。ただ、自分に自信がなく、鏡を見てはため息ばかりの日々でした。でも今は歳を重ねるごとに、まだ知らないことがたくさんある、それならもっと知りたいと、いつもワクワクしてるんです。

「べっぴん塾」を始めたころから続けている、太らない、柔らかな体を維持するためのシルク流エクササイズ。実は3年ほど前から大きく変化しています。そのきっかけは「筋膜」フィットネスとの出会いでした。簡単にいうと、筋膜とは筋肉を包む膜のこと。その膜は、足裏からおでこまでつながって全身を包む、まるでシルクのボディスーツのようなものです。ボディスーツのどこかが伸びたり縮んだりすると、着心地が悪くて体にもなじみませんよね。筋膜も同じで、足裏の筋膜がよじれると、全身のバランスに影響して、顔のたるみまで引き起こすことだってあるんですよ。

　そうした筋膜のつながりを知ってから、私は顔の悩みを解決するにも、まず体を見直すようになりました。太もも、肩、顔といった局部的なとらえ方ではなく、「自分の体」という大きなつながりへと意識を変えること。それが、老けない、垂れない、くすまない、

シルクの美hist

Stay gold!

長持ちする体への近道だと気がついたからです。

でも、何から始めればいいのかわからない。そんな人は、まずは足裏をボールなどでコロコロ刺激してみてください。それが「自分の体」を知る美の旅への始まりなんです。

Beppin-jyuku

シルクのべっぴん塾 Silk 足裏コロコロで10歳若見え！ **筋膜ゆるトレ**

CONTENTS

動画も見ることができますよ

付録
筋膜ゆるトレ　ポスター
表 習慣にしたい！基本のリリース
裏 三大お悩みを解決！老け顔防止メソッド

PART. 1

美の初期化

ON
ATION
ON
ATION
ON
ATION
ON
ATION
ON

BEAUTY INI ON BEAUTY INITIALIZA
BEAUTY I ION BEAUTY INITIAL
BEAUTY INIT N BEAUTY INITIALIZA
BEAUTY IN TION BEAUTY INITIAL
BEAUTY INITIA ON BEAUTY INITIALIZA
BEAUTY IN ATION BEAUTY INITIAL
BEAUTY INITIA ON BEAUTYINITIALIZA
BEAUTY IN ATION BEAUTY INITIAL
BEAUTY INITIA ION BEAUTY INITIALIZA

For a calmer and healthier tomorrow.

体と心の習慣をリセットする「美の初期化」

自分らしさを長く保つための しなやかで柔らかで「使い心地のいい体」

美へのアンテナを敏感に張り巡らせている人ほど、美肌やダイエット、トレーニング法などの溢れる情報に迷いますよね。私はいつも自分で実際に試しながら、「シルク流の美スタイル」を少しずつつくり上げてきました。だって、自ら出会って体験して、自分がどんどん変わることほど、楽しいことはありませんから。

何かを知りたくなると、マニアックにとことん追求しないと気が済まない私ですが、知れば知るほど深いのが「体と心」。どこまでいっても終わりはなく、いつも新しい気づきがあります。

２００８年ごろピラティスと出会ってから、私はやみくもにジムに通い、筋肉を鍛えるということをやめました。腹筋にはいくつもの種類があり、引き締めたい場所によって、どの腹筋を連動すれば効果が出るのかがわかってきたからです。そして、使いすぎている筋肉や、逆に普段使っていない筋肉によって体に変化が生じて痛みが発生することも、少しずつわかってきたのです。

どんなに気をつけていても、体の使い方にはクセがついてしまいます。例えば、肩こりのひどい人で、いつも決まった側の肩にバッグをかけてしまう人がいませんか？　そんな人は足の裏を見てください。片方の靴のかかとや側面が極端にすり減っていることがあります。歩き方のクセから体が歪み、それが肩こりの原因になっていたんです。無意識の習慣にも原因があり、体はきちんとＳＯＳのサインを出しているんです。だから時々でもいいので体の声に耳を傾けて、心と体の習慣をリセットしてあげることが大切。

　何にもとらわれずに自由に動く赤ちゃんは、しなやかで柔らか。肩のこりもなければ、心の澱もたまりません。そんな〝重力を味方にする体〟を目指すのがシルク流「美の初期化」です。

　私が体と心の習慣をリセットするために毎日行っているのが、筋膜のよじれと滞りを見つけて、本来の状態に筋膜を整える「筋膜リリース」です。じっくりと体と対話をしながら行う筋膜リリースを始めてから、私の体には、カチコチとした固さのない、適度に柔らかで質の良い筋肉がつくようになったんです。そのせいか以前よりも背骨がしなやかに動き、股関節の可動域も広くなりました。筋膜を意識して整えた体は、柔らかで使い心地のいい体。痛みを感じたり怪我をすることも減りました。気持ちのいい体と心をつくる「筋膜リリース」、ぜひあなたの美の習慣にしてください。

心地いい体と心の基本
筋膜ってどんなもの？

外部からの影響で形を変える筋膜
きれいな筋膜は大切な「美のベース」

筋膜とは、筋肉を包み込んでいる膜。筋繊維の一本一本まで入り込んでいて、もし筋膜を取り除いたら、骨はばらばらに落ちてしまうと言われる「第二の骨格」のような重要な存在です。エラスチンとコラーゲンから成る弾力のある層でできていて、外部からの力を受けて形を変化させます。そのため長時間同じ姿勢や偏った動作を続けると、自由に動けなくなった筋膜は癒着して滞ります。すると筋膜の上にある皮膚や、筋膜の下にある筋肉まで動きにくくなります。だから筋肉が正しく動けるように、筋膜を正常な状態に整えてあげることが大切です。

健康な筋膜

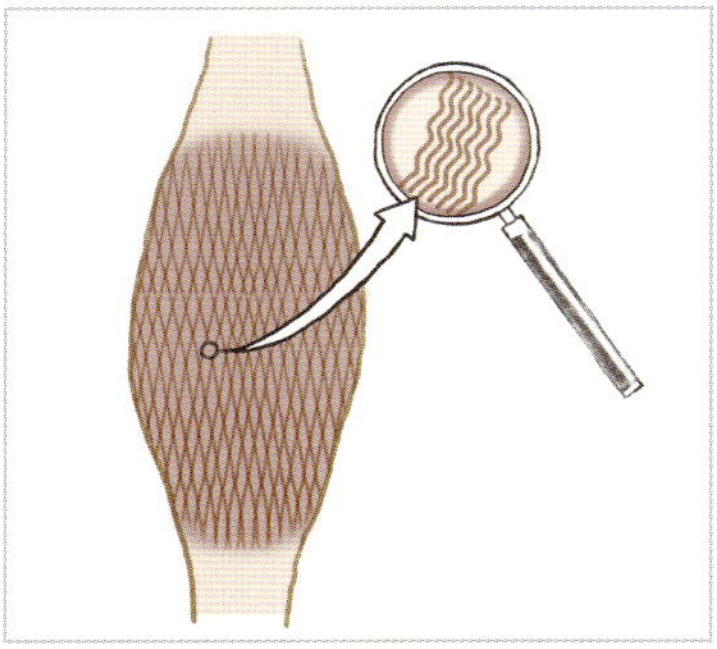

コラーゲンの「ひだ」が美しい網の目状になっている、弾力性のある新しく活発な筋膜。

よじれた筋膜

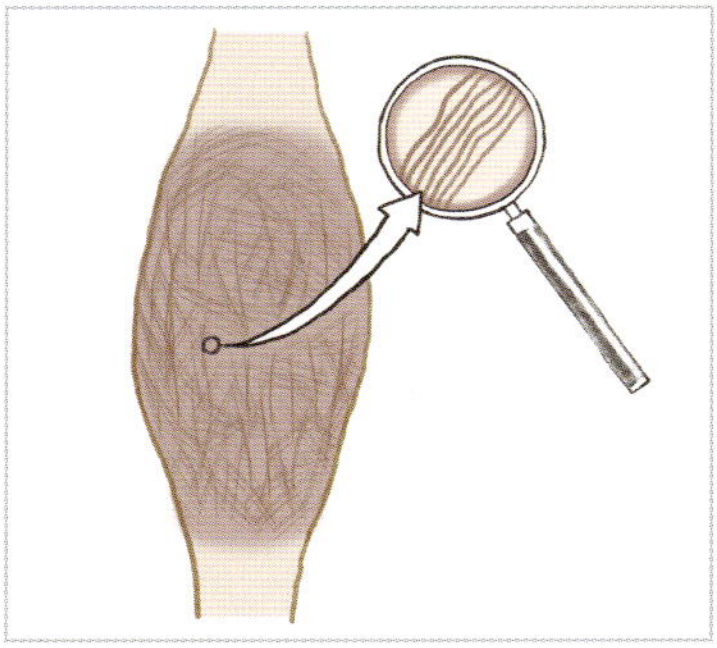

癒着して活発でなくなった筋膜は、コラーゲンの「ひだ」がフェルトのように乱れます。

「筋膜」は体を包んで、つながっています

筋膜はさまざまな方向へのつながりで、全身を包み込んでいます。「前面の筋膜」は体を前に曲げるときのつながり。「背面の筋膜」は後ろの動き。側面や前背面の「斜方」の筋膜は、体を内側や外側にねじるような、斜めの動きをするときのつながり。体の動かし方の習慣は、それぞれの筋膜に大きく影響を与えます。

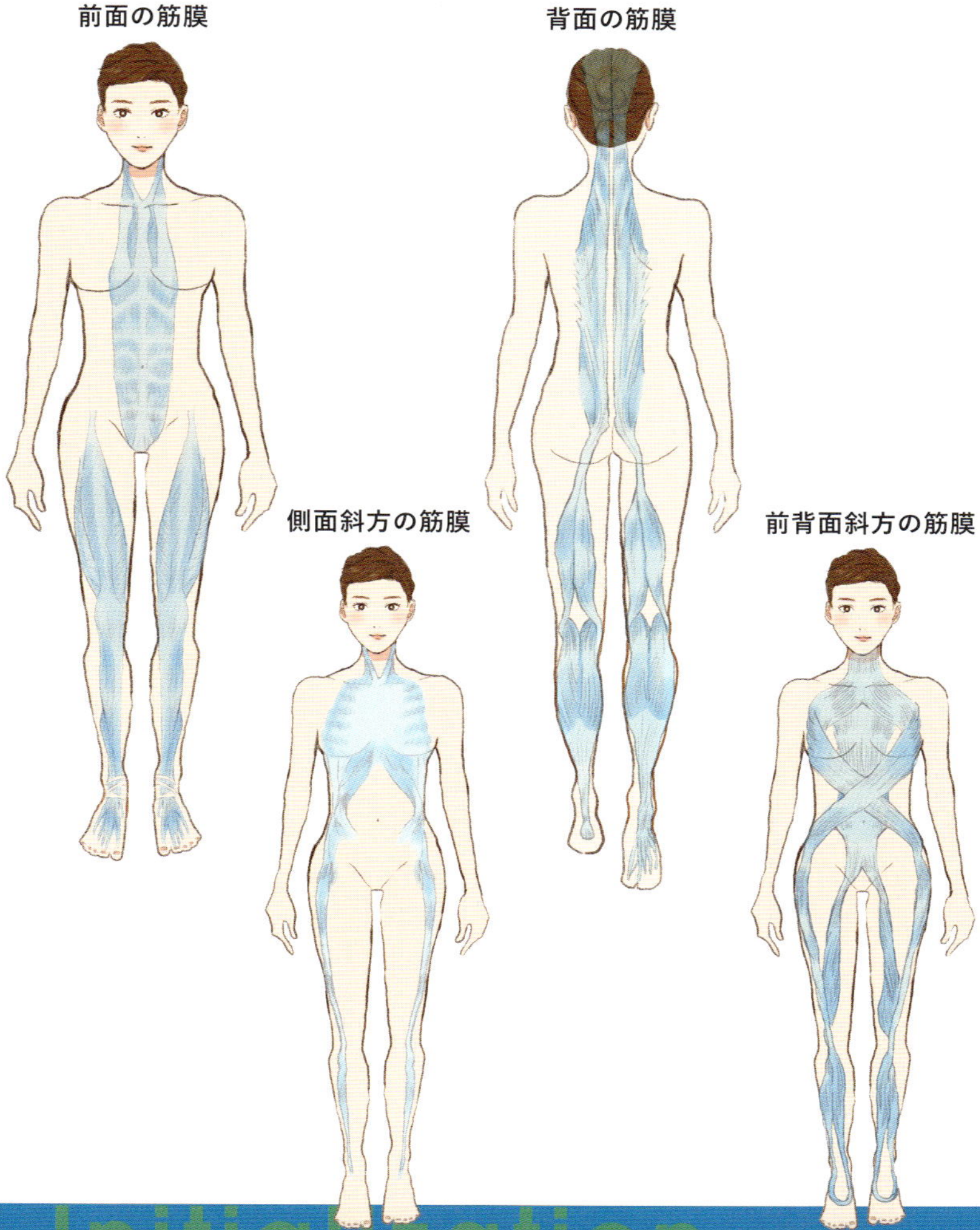

Take time to relax your body before exercising.

ゆるゆると「筋膜リリース」がシルク流

日常生活に楽しく「筋膜リリース」を取り込んで健康な体と心、美肌も手に入れましょう

一日中、猫背になってパソコンに向かったり、極端に高いヒールを履いたり、重い荷物を右手だけで持っていたり。そんなふうに偏った動作や悪い姿勢を長時間続けていると、本来は形状を変化させる筋膜が、よじれや滞りのために自由に動けなくなります。すると筋肉の働きや動きにまで影響して、十分な筋力が発揮できなくなって怪我をしたり、なんとなく体がだるい、腰が重い、肩がこるといった体の不調にもつながります。またそのせいで、気分が晴れない、やる気が出ないといった心の不調まで招いてしまうことがあります。

でも、大丈夫。新幹線の遠距離移動で何時間も座っていた後、平べったく広がってしまったお尻は立ち上がってしばらくするとふっくら元通りになりますよね。これは筋膜を形成するコラーゲンが、元の形を復元するからです。そんなふうに、日常のちょっとした動作の中でも筋膜のねじれや滞りをときほぐすことができるんです。新幹線では意識的に立ち上がってデッキで大きく伸びをしたり、長い会議の合間にはこっそり廊下に出て何度かジャンプしてみたり。そんな簡単な動きで、癒着して滞っていた筋膜を本来の活発でハリ

のある状態に近づけることができるんです。

また、筋膜は血液やリンパ液の流れにも関係しているので、筋膜を刺激して整えることは、血流やリンパの流れを改善することにもつながります。そのため筋膜リリースを日常の動きに取り入れれば、いつの間にかくすんでいた顔色が明るくなったり、顔の肌にハリが出たりするなど美顔のベースづくりにも効果があるんですよ。

筋膜のよじれや滞りを効果的に整える方法はいくつかあります。私は自分の状態をきちんと把握するために、顔や足の裏にはコロコロボールを使って刺激。体の筋膜リリースにはローラーを使っています(P18)。でも何も道具がなくても、日常の簡単な動作で筋膜はリリースできるんですよ。イスに腰掛けたまま、肩の力を抜いて左右にゆらゆら揺するだけでも上半身の筋膜の滞りがほぐれますし、その場で何度か軽くジャンプするだけでも全身の筋膜がゆるやかに刺激されます。それにこういう「揺らし」や「バウンス(弾む)」の動きをすると、不思議となんだか楽しい気分になるんですよね。

シルク流筋膜リリースは、「こんな動きで?」と思うようなゆるいものばかりなんです。頑張りすぎて飽きてしまったり、挫折するのはもったいないでしょ? 週に3回、1日15分でも十分。普段の生活の中で、ゆるゆると習慣づけるのがおすすめです。

「筋膜のよじれ」を見つける

ローラーを使って筋膜のよじれを発見し、同時に整えます

筋膜は、丸くて柔らかいものに反応することがわかってきました。そのため筋膜がよじれている場所を探すには、ほど良い堅さを持つローラーを使うのが最適です。ローラーを当てて痛みを感じる場所は筋膜によじれがあるところ。よじれは、ローラーを当てることで、発見と同時に整えることもできます。

1. できるだけゆっくり

ローラーの上に体を乗せ、体を少しずつ移動させるのがコツ。時間があるときは1分に1センチが目安。体と対話するように、じっくり丁寧に行いましょう。

2. 痛みを感じたら往復

痛みを感じるのは筋膜がよじれて癒着しているから。ローラーを5、6回往復させて滞りをほぐし、筋膜を形成するコラーゲンが復元する手助けをします。

3. 週1～2回でも大丈夫

足の裏から頭の先までの筋膜を、30分かけてローラーでチェックして整えましょう。週1～2回でも効果はありますよ。継続して行うことが大切です。

基本の道具（ローラー）

USE IT!

全身の広いエリアの筋膜をリリースするには、フォームローラーやリセットポールと呼ばれる専用のローラーを使いましょう。ほど良い堅さで、長さ30cm、直径15cm程度のミドルサイズがおすすめです。ソフトなタイプから始めて、慣れたら堅さのあるものを選ぶと良いでしょう。

体の声に耳を傾けて、よじれポイントを探しましょう

側面

普段は圧迫などの刺激を受けることの少ない体の側面から開始。左右交互に行いましょう。

3.
2.
1.

上の足と手でバランスを取りながらローラーに乗り、腰から膝上まで（**2**）、次に腰から脇の下まで（**3**）を刺激。リンパ節の集中する脇は特に痛みを感じやすいところです。

背面（下半身）

かかとから頭部（おでこ）までつながる、背面の筋膜を意識して行いましょう。

3.
2.
1.

手でバランスを取りながらお尻を少し浮かせた状態で、足首をローラーに乗せます。アキレス腱のあたりも痛みが多いところ。ふくらはぎ、太ももを通り骨盤の下まで転がします。

お尻

お尻と太ももの付け根のあたりは、背面斜方の筋膜と、背面の筋膜が交差するところです。

痛いのが
気持ち良く
なってくる…

かかとでバランスを取りながら、太ももの付け根のあたりでローラーに乗ります。不安定なら手を床についてもOK。体をゆっくり前後させて、痛みや違和感がないか探しましょう。

背面（上半身）

背骨に沿って背面を縦につながる筋膜を刺激。
肩甲骨まわりも痛みを感じやすいところです。

2.

1.

腰から肩甲骨までの筋膜をチェックして、滞りを整えていきます。畑を耕すようなイメージで、普段は意識しない背中の感覚をローラーの「面」をフルに使って刺激しましょう。

首（上下）

筋膜だけでなく、血管、神経、リンパ節などが集中する繊細な首。優しく行いましょう。

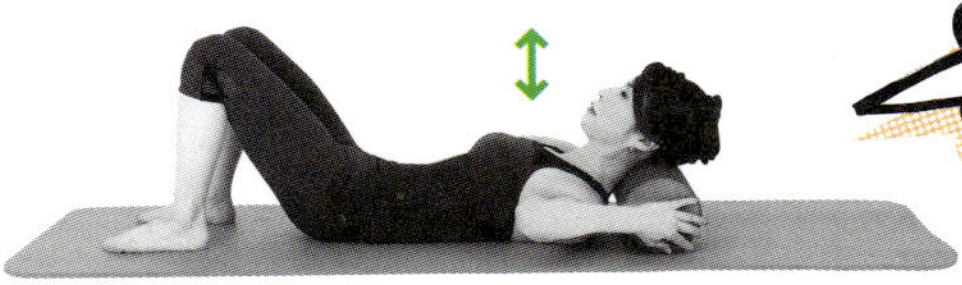

ローラーの丸みに添わせるように、首をそっとのせます。頭部の重さで十分刺激になりますが、顎を引いたり上げたりして上下に動かすと、血流促進にも効果があります。

首（左右）

耳の付け根や後頭部も刺激。筋膜だけでなく血流やリンパ節を刺激する効果もあります。

2.

1.

耳から耳を結んだ横のラインをローラーでなぞるように、首を左右に振ります。耳が潰れるくらいまでしっかり行いましょう。リンパと神経が集中する耳の後ろも刺激します。

体の声に耳を傾けて、よじれポイントを探しましょう

後頭部

後頭部からおでこ（眉の上）までつながる筋膜は、かかとから順に整えた背面筋膜の終点。

後頭部から頭頂部、おでこのあたりまでを刺激しましょう。ローラーを手に持ち、軽く押しつけるようにゆっくり回転させます。頭部の血行を促進する効果もありますよ。

前面（上半身&下半身）

縦の筋膜やクロスする筋膜など、複数の筋膜がつながる体の前面。内臓をさけて行います。

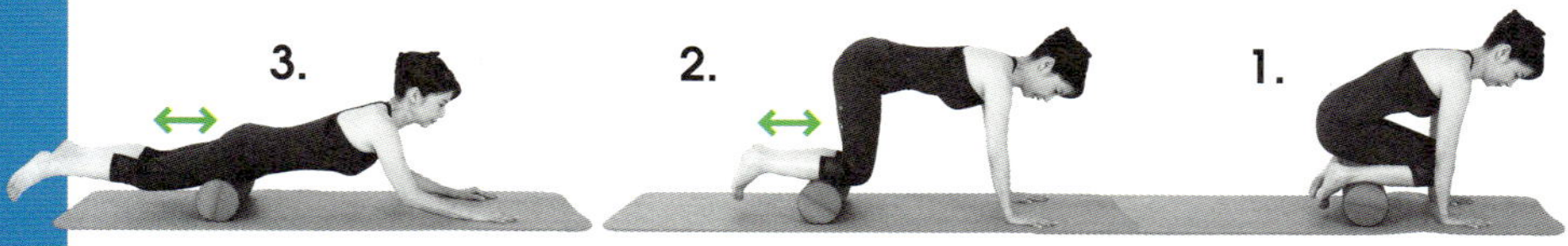

足首からすねを通って膝まで。次に膝上から太もも、恥骨の下まで（男性は避ける）。内臓が密集する腹部と、女性は乳房を避け、胸部の上、鎖骨までローラーを当てましょう。

腕

利き腕や使い方のクセでよじれが日々、変化。細かい痛みを丁寧にキャッチしましょう。

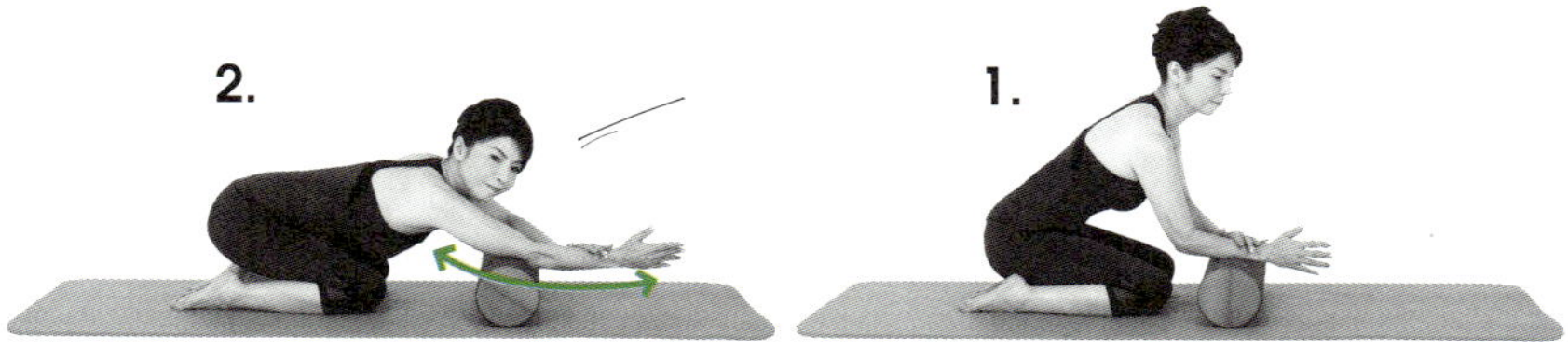

片腕に軽く体重をかけながら、腕の前面、背面、側面をローラーに当て、手首から肘をこえたあたりの筋膜を刺激し、整えます。利き腕は痛みを感じることが多いので、念入りに。

a collection of Silk's sayings

“シルク流筋膜ゆるトレは、自分の体と心に向き合い、愛し、慈しむ時間のこと。「義務」ではなく「楽しみ」なんです。”

日によって、体に痛いところと痛くないところがある。私にはそれが「なぜ？」と不思議で探求心に火がつきます。膝に痛みがある場合、私は足の関節や腰をチェックします。痛みを感じる場所ではなく、どこか他の部分をかばって動いたために、その痛みが生じることがあるからです。自分の体と対話しながら行う筋膜リリースは、体が無意識に動いているところに意識を向けてあげる、かけがえのない大切な時間なんです。

気づかないうちに頑張りすぎていた体に反応してあげると、体もまた「やっと気がついてくれた」と私の心を受け取ってくれます。すると体は思いに応えようとします。筋膜を意識して整える時間は、まるで片思いしていた体と心が両思いになるような、ハッピーな気持ちに溢れているんですよ。

Message

COLUMN 1

老け姿勢になっていませんか？

**正しい姿勢へ導いてくれる
そんな体を目指しましょう！**

正しい位置に正しく骨組みがあり、癒着のないきれいな筋膜が弾んで、筋肉がなめらかに動くと、体自身が自然と正しい姿勢へと導いてくれます。シルク流エクササイズが目指すのは、重力の中で、自分で気持ち良くおさまる場所を調整してくれる体なんです。そんな体は見た目にもハツラツとして美しく、心まで元気にしてくれますよ。

正しい姿勢

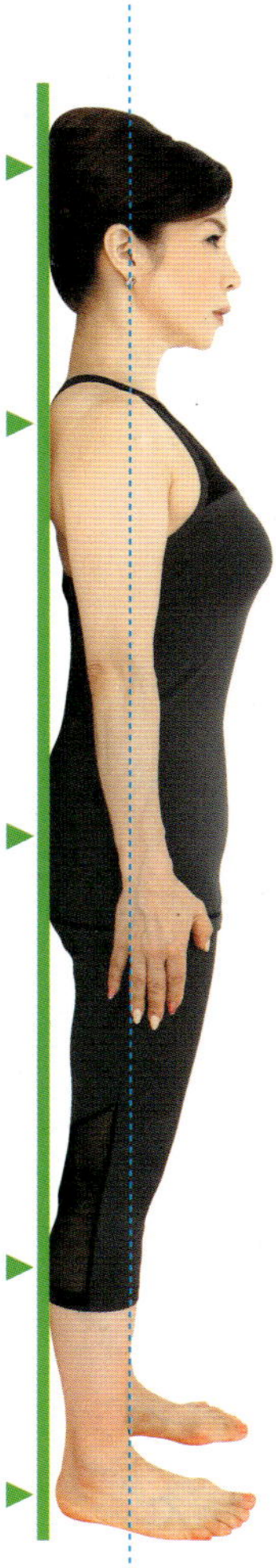

**誰かにスマホで
撮影してもらって
横からチェック。**

背骨は自然にゆるいS字カーブを描き、体は前や後ろに傾かず、頭や顎は突き出しません。くるぶしのやや前、膝、骨盤、胸部、肩の中心、そして耳の穴が、地面に対してまっすぐ垂直な線上にあるのが正しい姿勢です。

こんな姿勢はNG..!

NG..! 猫背

頭が前に離れてしまうのは、背骨が曲がり猫背になっているから。お腹に肉がつきやすく、肩こりや頭痛、首のシワを増やす原因にもなります。

NG..! 骨盤

肩甲骨や頭部は壁につくのに、お尻が浮いてしまう。そんな人は骨盤が後ろに傾いているから。太ももと腰に負担がかかり、お尻が垂れます。

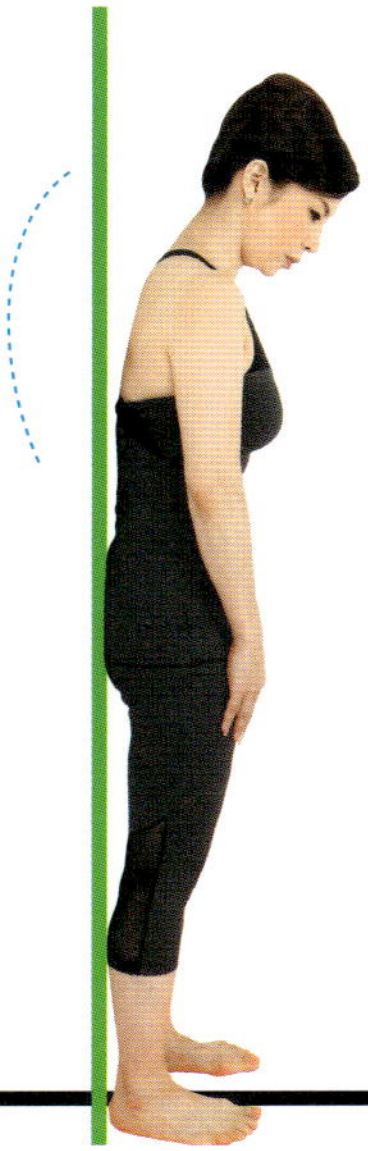

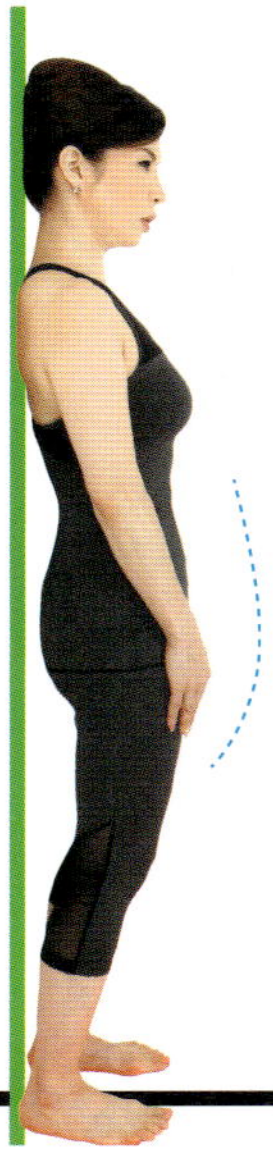

PART.
1-1

美の初期化

滞りやよじれを見逃さない「リセット」の習慣

基本のリリース

柔らかい体、しなやかな筋肉をつくるために大切なのが日々の筋トレ。
でも、筋膜がよじれて滞った状態で行うと、かえって逆効果なんです。
筋肉を動かす前に、筋膜を優しくゆるめて整えるのが基本のリリース。
ゆるやかな動きが、体も心もリラックスさせてくれますよ。

Basic release
Basic release
Basic release

ゆるませメソッド

毎日これだけは!

足裏コロコロ

痛い部分を探す、スーパーボールで足裏リリース

どんなに忙しくても、これだけは習慣にしたいのが、スーパーボールを使って足裏をコロコロ刺激するリリース。親指と人さし指の間からかかとに向かって、ゆっくりとボールを転がし、人さし指、中指…と小指まで順に終えたら、土踏まずをぐりぐり。最後にかかとを弾ませるように刺激して足裏全体をほぐします。

1分間に1センチを目安に

感覚を大切に

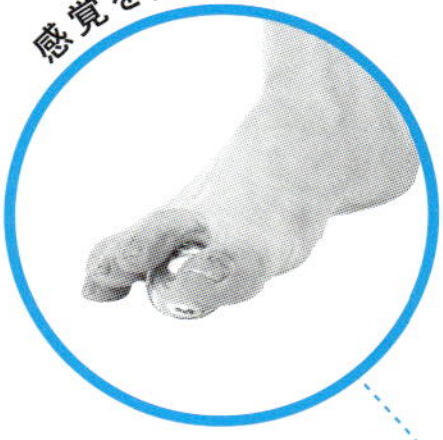

足裏は頭の後ろまでつながる筋膜の始まり。1分間に1センチを目安にゆっくりボールを移動させます。体がぐらつく人は座ってもオッケーです。

USE IT!

用意するもの

コロコロボール

直径32ミリ前後のスーパーボールが、大きすぎず小さすぎず適度に足裏を刺激してくれます。ホームセンターなどで購入できます。私は顔用、足裏用と使い分けています。写真は私の特製ボールです。

片足5分！習慣にしたい

HOW TO!

最初に親指と人さし指の間からかかと、次に人さし指と中指の間からかかと…というふうに順にボールを転がして４往復。その後、土踏まずで円を描くようにコロコロし、仕上げにつま先を地面に着けたままかかとにボールを置いて、トントンと10回ほど踏んで刺激しましょう。

知っておきたい！

足裏のヒミツ

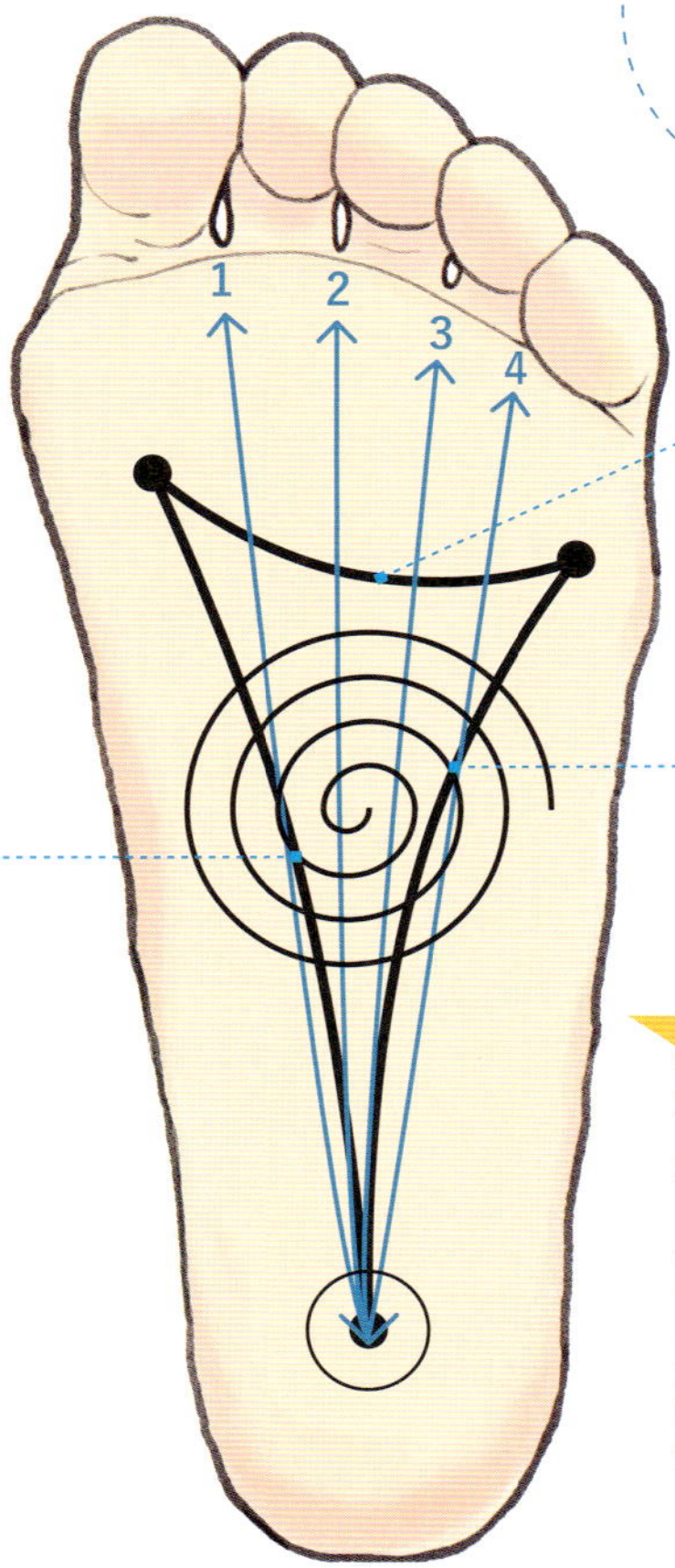

3つのアーチを意識してコロコロ

人が立つとき、足の親指の付け根、小指の付け根、かかとの３点から生まれる３つのアーチで体を安定し、バランスを取っています。足が疲れやすく、むくみやすい人は、アーチが崩れているのかも。

痛みを感じたらゆっくり往復

痛みを感じる部分は、筋膜に癒着や滞りがある場所です。できるだけゆっくりとボールを往復させながらじんわり刺激を与えることで、滞りがほぐれます。１分間に１センチを目安に。

なぜ足裏は不調改善のカギ？

足裏は狭い範囲で、体全体を支えています。ゆっくり歩いても体重の1.2倍、走ると約３倍の重さがかかります。また運動不足や歩き方の悪さ、合わない靴、長時間の立ち仕事などで常に負担を強いられます。そんな足裏に意識を向けてコロコロするだけで、脳の疲れを和らげたり、イライラ改善にも効果がありますよ。

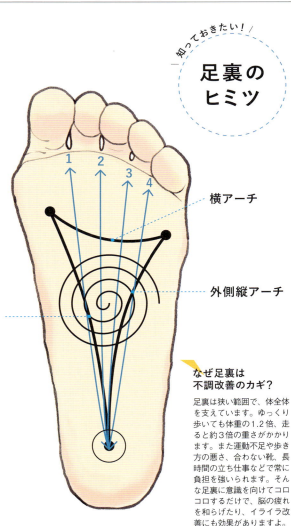

「弾む」+「揺らす」リリース

揺らして全身をリラックス

壁はじき

大きく体を揺らして筋膜を効果的にほぐしましょう

全身の筋膜を調整するための基本のリリースです。壁を使い自分の体重を利用しながら体を揺らして、前面と背面の筋膜のつながりを効果的にほぐします。壁に向かって前、後ろだけではなく、横向きになり片腕で行えば体の側面の筋膜にも効果的。足で壁をキックすれば太ももの筋膜リリースにも応用できますよ。

/ FRONT

1.

壁を向き、腕の長さより少し離れた位置に立ちます。胸の高さで両手のひらを壁につき、両肘が曲がったら一気に腕を伸ばし勢いをつけ体を壁から放します。

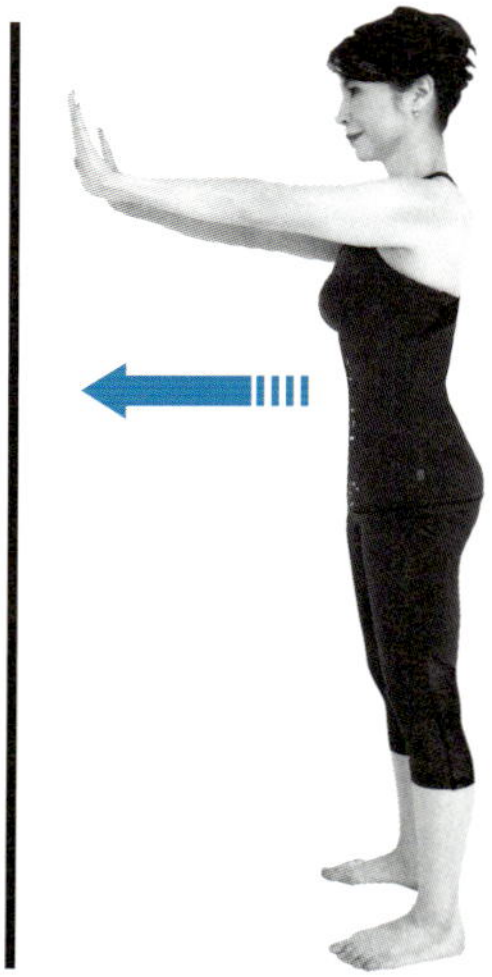

2.

体の重さを利用して壁側に傾き10秒キープ。再び勢いをつけ体を壁から放します。手の位置を上下したり交差したり、アレンジもOK。10回。

/ BACK

慣れてきたら後ろ向きでトライ。腕を曲げるとき、上半身がまっすぐ倒れるよう意識します。

1.

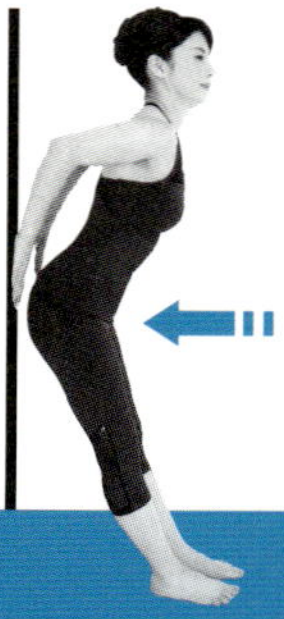

2.

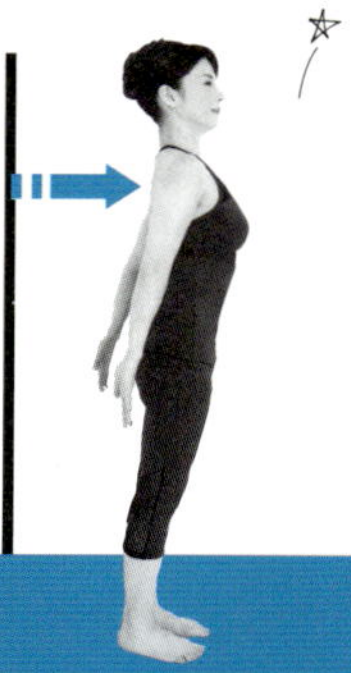

ちょっと余裕のある日は

上半身のこりをほぐす

舟こぎ

オールを動かして舟を漕ぐように、伸び伸びと大きく腕を動かしましょう。上半身のつっぱり感をほぐしながら、体の前面、背面の筋膜をリリースします。

1.

骨盤をまっすぐに立て、顎を引いて背筋を伸ばして座ります。足首は直角に立てます。

2.

上半身を前に倒しながら、手先と足先が引っ張られるようなイメージで、手の指先と足先を伸ばします。骨盤が倒れないように注意して。

3.

オールを漕ぐように腕を戻しながら足首を立て、1の基本ポジションに戻ります。滑らかな動きを意識して10回繰り返しましょう。

弾んで緊張を解く

うきうきジャンプ

バウンス(弾む)動作も筋膜リリースに効果的。体がバネになったようなイメージで全身の筋膜をリリース。

1.

両足を腰幅に開き、手は軽く腰に。骨盤は左右や前後に傾けたりせずニュートラルな位置に。軽く膝を曲げた状態からスタート。

2.

バネが柔らかく弾むようなイメージで、片脚ずつ交互にジャンプ。慣れてきたらリズムに乗って、楽しい気分で3分ほど繰り返します。

3.

体重を乗せた脚の側に体が傾かないように意識して、もう片方の脚をまっすぐ引き上げるのがポイント。両脚でもジャンプしましょう。

「伸ばす」リリースもプラス

伸ばしてこりをほぐす

イスで伸び伸び

道具を使って負荷をかけながら楽しく飽きずに伸び伸び

イスに脚を固定して、太ももの前面、背面、内側に適度な負荷をかけながら、全身に張り巡らされた筋膜をほぐします。前、後ろ、斜めと好きな方向に重心を移動させ、筋膜のつながりを意識しながら、ゆったり伸び伸び動くことが大切。慣れてきたら腕の振りをつけると、さらに効果的です。

1.

両手は腰に置き、イスにかけた太ももの裏がぴんと張っていることを意識します。もう片方の脚の膝を軽く曲げ、屈伸を10回繰り返しましょう。太ももの前面、背面の筋膜を意識。左右同様に行います。

2.

次に、イスにかけた脚に重心を移動させながら、ゆっくり膝を曲げましょう。体の前面・背面が気持ち良く伸びるよう重心を移動します。

慣れたらアレンジ ARRANGE

腕の振りもつけて、斜め、横など上半身も自由に動かしてみましょう。体位に合わせてかかとの位置を調整しながら、前面・側面・背面の筋膜を伸ばしてほぐします。

しっかりゆるめたい日は

内側の疲れをリセット

スパイダーマン

体を内側や外側にひねったり回したりする運動で、X型につながる筋膜をほぐします。

1.

膝を浮かせた四つんばいの姿勢から、左手を大きく前に出し、合わせて右脚を一歩前に進めます。残った左脚は後方に引っ張られるような感覚です。

2.

次に反対側の右手、左脚を同様に前に出し、全体を前進させます。スパイダーマンが壁を這う姿をイメージしましょう。

3.

同様の動きを10回繰り返しましょう。頭は無理に上げたり下げたりせず、体を左右対称に動かすことを意識してみましょう。

肩まわりをリリース

壁伸ばし

体のつっぱり感や縮こまりをほぐすように、全身を伸ばします。全身に効果がありますが、特に肩から手先の筋膜を効果的にゆるめます。

1.

壁を向き、自然にバンザイした位置に手を置きます。ヤモリになった姿をイメージして、前に、横に、後ろに手のひらで壁を這います。

2.

後ろ向きも同様に。壁を背にして立ったとき、頭と肩とお尻がぴったりついて、背骨がゆるくSの字を描いているかを確認して。体のクセを知るきっかけにもなります。

PART. 2

美の
アップデート

BEAUTY UPDATE

I'll share secrets to becoming more beautiful.

「筋膜リリース×筋トレ」で美をアップデート

言葉に出して体を動かすことで 美の相乗効果が倍増するシルク流エクササイズ

靴の紐を結ぶとき、腰や足を曲げて大きくかがみますよね。腰痛などのある人は別ですが、この動作は実は背面の筋膜をときほぐすのにとても効果的なんです。無理のない範囲で膝を曲げずに行えば、同時に太ももの後ろの筋肉を刺激することもできます。つまり筋膜をリリースしながら、筋肉を意識したトレーニングも行うことができるという「美の倍増エクササイズ」になるというわけ。

もっといえば、かがむときに頭を下げることで、上半身から頭部に血が巡り、顔の血色も良くなり脳が活性化されます。そうすると不思議なもので鏡に映った自分の明るい顔を目にして、心まで軽くなったり。美の法則は「１＋１＝２」のような単純なものではなく、数値化できない美の相乗効果を生むのです。

「美のアップデート」編で行うのは、「美の初期化」である基本の筋膜リリースの後に行うことで、より美の相乗効果が期待できるエクササイズです。また「筋膜リリース×筋トレ」というセットで行うことで、悩みに効率良くアタックできる「進化したシルク流美顔筋トレ」もあります。

こうした段階別に行うトレーニングの場合、とても大切なことがあります。それは自分が「どの部分の何に効果がある動き」を行っているのかを、しっかりと具体的に意識して、はっきり口に出してあげることです。「口に出すまでもない」という言葉がありますが、それは日本では昔から思いを言葉にすることに大きな意味があるという表れ。心で思うだけでは沈むことが、言葉にして口に出すと浮かび上がります。浮かび上がった言葉が、美の相乗効果に大きな意味を持つのです。

顔のシミやくすみを予防する「エグザイルゆらゆら」（P46）という肩を揺らす運動をするときは、「体の滞りがなくなって、顔にも血が巡って、どんどんきれいになるワタシ」という具合に、自分の体に声をかけてあげる。するとその声に応えるように、体はどんどんとほぐれて血液を循環させてくれます。声を出すことはストレスの発散にもなりますよね。念ずれば花ひらくではなく、言葉にすれば叶う。願いが叶った喜びで、美の相乗効果はどこまでも広がります。こうして言葉にすることは、自分の心と向き合う大きなきっかけともなります。「美のアップデート」では、より深く自分の「体と心」と対話しながら、意識的に体を動かしていきましょう。

COLUMN 2

運動が100倍楽しくなるグッズ

道具を使うと気分が上がりますよね。「遊び感覚で楽しく」がシルク流

道具を使うと飽きずにエクササイズできるので、気になるグッズを見つけたらどんどん試してみます。全身をバランス良く動かせるもの、気になるパーツを集中して鍛えられるものなど、使い分けながら楽しんで運動しましょう。紹介するものはビーキューブ®(P91)などで手に入ります。好きな色を選ぶだけでも気分が上がりますよ。

ループループ

カラフルでコンパクトなゴムバンド。伸縮性に優れているので、大きな動きの全身運動にもってこい。斜めの筋膜のつながりと同じように斜めに伸ばしたり、二重にして小さな輪をつくり、腕や背中を集中して鍛えたりします。

ローテーショナルディスク

体を曲げ伸ばししながらバランス感覚を養いつつ、体の軸をしっかりつくってくれます。ダンスしているように楽しくて、ウエストシェイプにもなるんです。

フレックスバンド

負荷の強さと方向を自由にコントロールできる幅広のゴムバンドです。軽いので旅先でのトレーニングにも重宝します。自分の体重を利用して、大きな負荷をかけて足でキックしたり。下半身につく体の70%の筋肉を鍛えます。

ミニスタビリティボール

膝で挟んで押しあって内太ももを引き締めたり、気になる部分を気軽に鍛えられるゴムボール。衝撃を吸収するので初心者が使うのにも最適。お腹にボールを挟んで膝を少し曲げて弾みをつけると、より筋膜を刺激できます。

バランスドーム

小さな突起のついたバランスドーム。大きい方で土踏まずを刺激。並べて上に立てば、不安定さで体幹を鍛えるバランス運動もできます。小さい方は転がして指の付け根を集中的に刺激。足裏コロコロにも使えますよ。

PART. 2–1

美のアップデート

リリース＆美顔筋トレで老けをストップ！

10歳若見え！美顔への道

人の印象をもっとも大きく左右するのが顔の表情。表情の豊かな人は、
自然と顔の筋肉が鍛えられ、生き生きとした印象から若く見られます。
美顔筋トレでも充分だけど、筋膜リリースとセットで行えば効果が倍増。
顔の筋肉は小さいからこそ効果が出るのも早い！
どんどん変化が楽しみになりますよ。

Face care
Face care
Face care

How to look younger and slow aging.

「美顔」は「体」からつくられる

シミやたるみなどの気になる顔のトラブル。
まず体を整えることが、「美顔」への近道です

「顔」と「体」。私たちは、自分の体を首から上と下でなんとなく分けて考えていないでしょうか。

以前からの私の持論は「胸から上は顔」。朝のスキンケアで胸から上をハンドマッサージ、美容液などでデコルテもしっかりケアしています。でも、筋膜などの体の仕組みをより詳しく知るようになってから、その範囲をどんどん広げてとらえるようになりました。

少し話がずれますが、西洋医学と東洋医学の違いにも思い当たります。

西洋医学は、体の悪い場所を見つけ、ピンポイントで治療を施そうとします。つまり患部を直接的に治療して、トラブルの原因や痛みを取り除くという考え方です。

対して東洋医学は、どこか悪い部分があれば、それは体全体のバランスの崩れにより生じたトラブルなので、患部だけでなくバランスが崩れた原因を解明し、治療を施そうという考え方です。そのどちらにも良い点があります。

例えば、筋トレに置き換えてみると、気になる部分をパーツとしてとらえて鍛える従来の筋トレは、西洋医学のようにも思えます。

でも、体中に張り巡らされた筋膜のつながりを意識すると、パーツではなくもっと大きなつながりから、体全体をとらえるようになります。ヨガやピラティスの根底にもこうした考え方があります。

「美顔」のための筋膜リリースや筋トレ＆マッサージも、同じだと思うんです。背面の筋膜のように、足の指先から後頭部まで一枚の膜のようにつながった筋膜もあり、足の指先を動かすことは実は頭まで関係しています。全身を巡る血管やリンパ節も、当たり前ですが顔と体は地続きです。だから下半身の血行を促進すれば、顔の土台にも影響します。

ここで紹介する美顔のための筋膜リリースやトレーニングは、どの動きもそうした全体のつながりを踏まえて生まれたものです。

いくら高価な化粧品を使って顔だけを熱心にお手入れしても、なかなか思うような効果が出ない。そんな人は、一見、顔から遠くてぴんとこないかもしれないけれど、ぜひ体を動かしてみてください。何万円もするクリームよりきっと効果があるはずですよ。体の使い方のクセや食べものの習慣も、ぜんぶ顔に出ます。だからこそ、顔のお悩みはまず体のケアから始めましょう。

美顔の基礎ケアルール

週に1度、顔面コロコロをスキンケアに組み込みましょう

顔にも筋膜があります。とても薄いのですが、やはり滞りや癒着があります。美顔筋トレは毎朝晩行うのが効果的ですが、その前にスキンケアの一部としてこの筋膜をリリースするだけで、その部分の筋肉が動きやすくなり、その後の美顔筋トレの効果は格段に変わります。顔の筋膜の滞りはシミやシワの原因になりやすいんですよ。方法はP26で紹介したコロコロボールを使って、筋肉のつながりを意識しながらコロコロするだけ。痛いところは筋膜が滞っているサイン。力を入れずに、肌と対話しながら優しく筋膜をリリースしましょう。

手の力を抜いて、優しく
ゆっくりボールをコロコロ。
気になるところは集中的に
じんわりほぐしましょう

HOW TO!

とても繊細な顔の皮膚と筋肉。必ずジェルやクリームなどでいつものスキンケアをしておきましょう。乾燥した素肌の状態で行うと、シミやシワの原因になってしまうから気をつけて。お風呂上がりに行うのが効果的。ギュウギュウ押さずに、優しくそっとボールを当て、痛いと感じたところは1分間に1センチを目安にコロコロ。

知っておきたい！

美顔のヒケツ

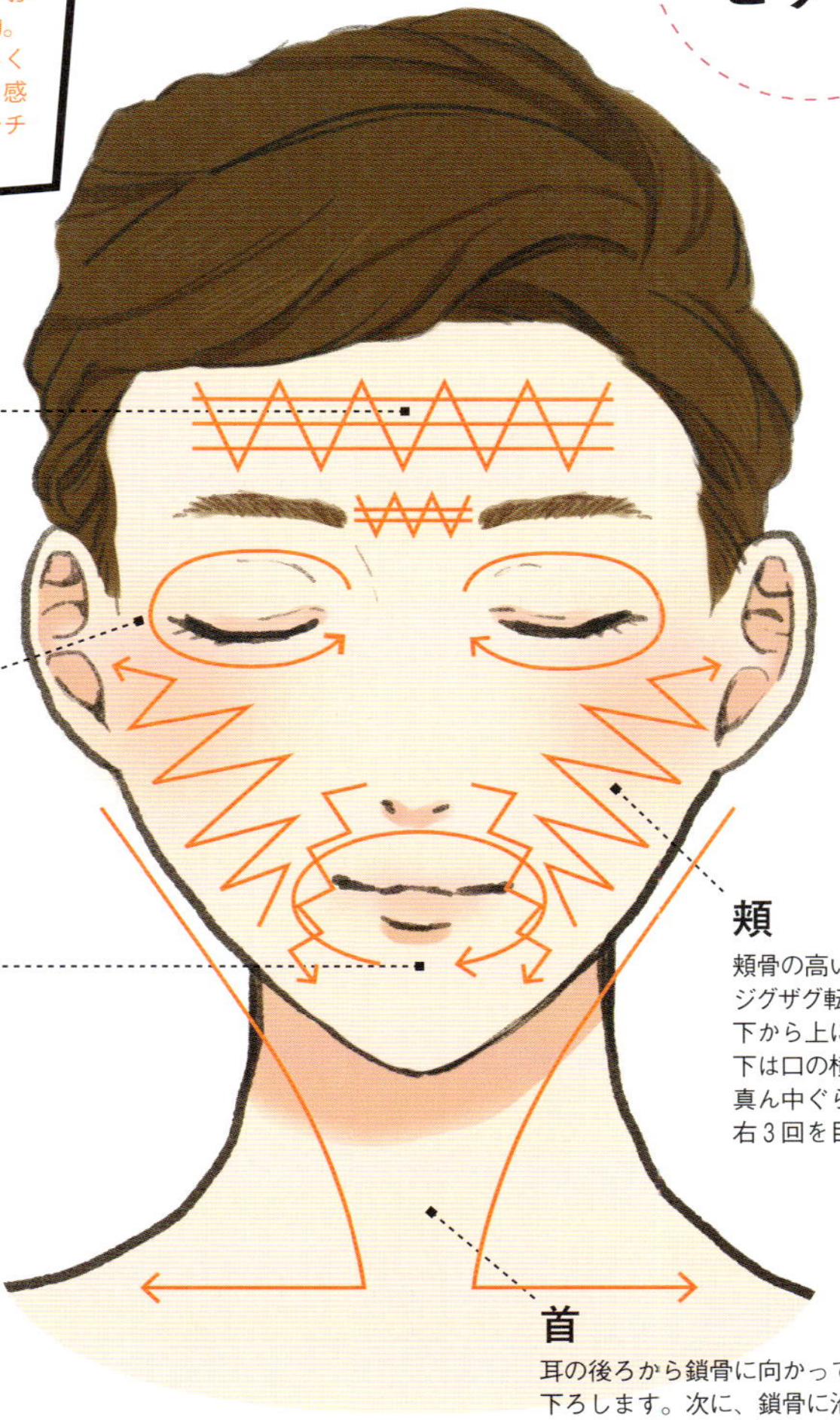

額

垂直と平行の方向を意識して、額の縦と横にボールをコロコロ転がしましょう。

目のまわり

目頭から、目のまわりを3周ほどコロコロ。目のまわりの筋肉は特に繊細なので、力の入れすぎは禁物。

口のまわり

ほうれい線とマリオネットラインに沿って、小さくジグザグ動かしながら上から下、下から上へと3往復ほどコロコロ。その後、口のまわりをゆっくり3周ほど転がします。

頬

頬骨の高い部分まで、ジグザグ転がしながら、下から上にコロコロ。下は口の横、上は耳の真ん中ぐらいまで。左右3回を目安に。

首

耳の後ろから鎖骨に向かってコロコロと下ろします。次に、鎖骨に沿って肩先に向かってコロコロ。左右3回くらい。

三大お悩みに効く!

たるみ

美顔のための準備リリース

顔たるみ予防の土台づくり

あお向け毬つき

あお向けになり、伸ばした手先の下にボールがあるかのようにバウンス(弾ませる)します。肩まわりや腕の筋肉をほぐしながら、前面と背面、Xにつながる筋膜をリリースします。脇のリンパの流れを良くすることで、顔の土台の筋力・血流を整えます。1分間に100回を目安に。広瀬香美さんの『I Wish』やaikoさんの『花火』などの音楽に合わせて行うのがおすすめです。

1.

あお向けになり、膝は自然に開いて立てます。片方の手を耳の横でまっすぐに伸ばしましょう。

2.

手先にある 毬を手の甲でつくように、腕を上下にバウンスさせましょう。肩を思いきり屈曲させ、筋肉の緊張をほぐしながら、効果的に筋膜をリリースします。

美顔筋トレ&マッサージ

しっかりリフトアップ

上下に伸ばすOの口

老化による頬のたるみは、頬筋を鍛えることで阻止しましょう。口をOの字に開き、頬から上は思いきり引き上げるようなイメージで上下に引き伸ばし、10秒キープします。

Ohhhh...!
慣れたら
20秒×3回、
30秒×3回に

血流とリンパの滞りを解消

耳の後ろ揉み

後頭部までつながる体の背面の筋膜をリリースした後は、ツボやリンパ節が集中する耳の後ろからつむじまで、その後につむじから額までをいも虫が這うように指の腹で1～2分揉みましょう。顔の血流やリンパの流れが良くなります。

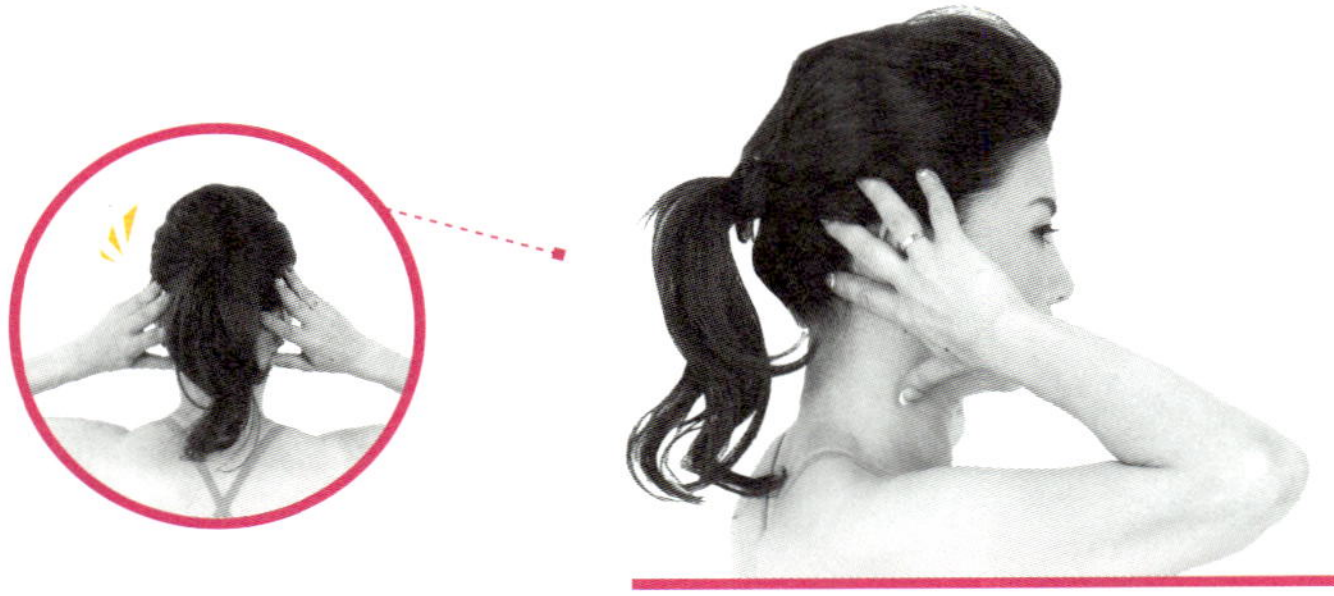

三大お悩みに効く!

ほうれい線

美顔のための準備リリース

摩擦の刺激でハリを生む

床こすり

うつぶせ、あお向けともに、全身で床をこするようなイメージです。体をダイレクトに摩擦しながら、顔とつながりの強い全身の前面・背面の筋膜を強く刺激することで、弾力のあるハリを生む顔の筋力を整えます。神経系にも働きかける筋膜リリースエクササイズです。

1.

うつぶせになり、脚は自然に開いて、上から見るとWの字を描くように手を置きます。体全体を床に密着させたまま、両手で床をずり下ろすようなイメージで、全身を上に移動させます。

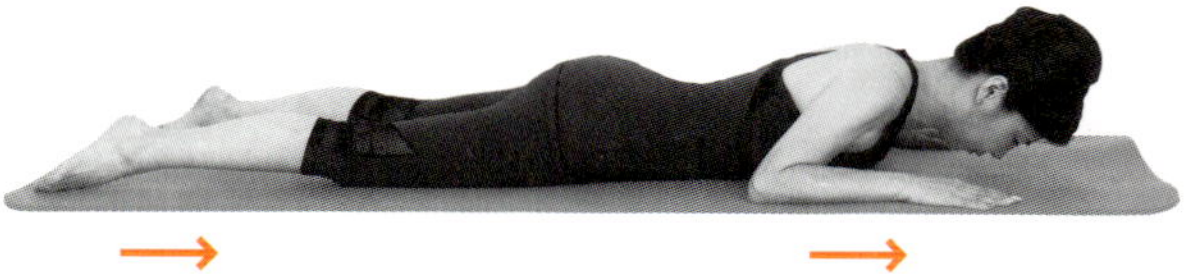

2.

次に体を引き下げるように、全身を戻します。リズミカルな動きで、1～2分。広瀬香美さんの『Search-Light』に合わせるのがおすすめ。

背面もトライ

ARRANGE

背面の筋膜もセットで刺激しましょう。あお向けになり、手と足首を使って体を上下に揺らします。背中が刺激されることを意識しながら1～2分。

2.

1.

美顔筋トレ&マッサージ

舌アイロンでシワ伸ばし

舌回し

小鼻から口の脇に刻まれるほうれい線の予防&改善は、とにかくシワを伸ばすこと。内側から舌でアイロンをかけるイメージで、右回り&左回りに口のまわりをなぞりましょう。右、左回りをそれぞれ5回ずつ。舌の根元を動かすことで、舌筋を鍛える効果も。

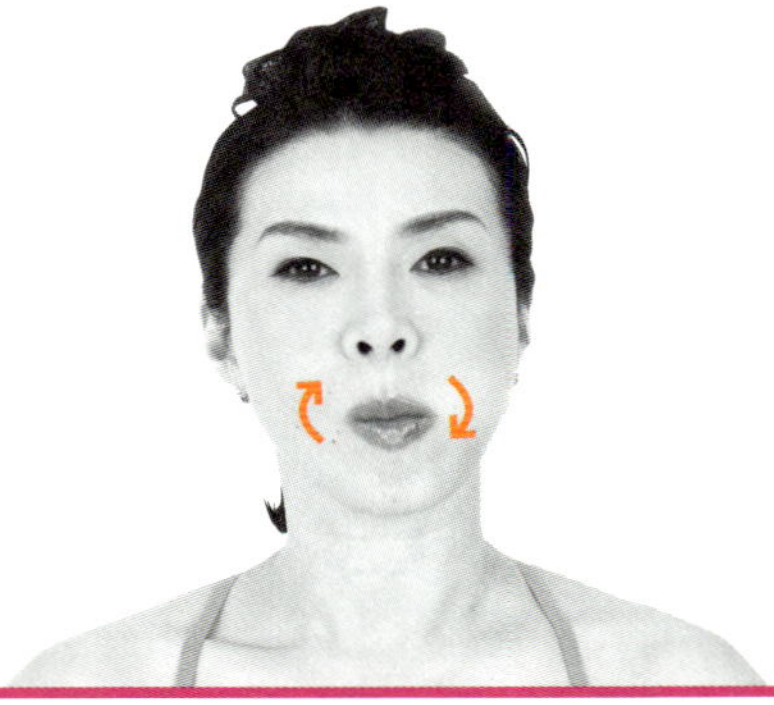

叫んで消すほうれい線

ムンクの叫び顔

上下のくちびるを引きこんで、上下に引っ張るように鼻の下をしっかり伸ばします。ムンクの「叫び」の絵のように、縦に長いOの形に口を開いたときに、ほうれい線を消すのがポイントです。手をつけるとやりやすいですよ。線が消えているか、鏡で確認しながら行いましょう。30秒×3回。

三大お悩みに効く!

シミ＆くすみ

美顔のための準備リリース

筋膜をゆるめて血行促進

エグザイルゆらゆら

∞(無限大)のマークを描くように肩を回しましょう。前面・背面・斜めにつながる筋膜をゆるめてほぐすことで、体だけでなく顔の血流も促進します。肩甲骨が自然と開いたり閉じたりする動きなので、肩や背中のこわばりにも効果がありますよ。

2.

肩の動きを止めずに、腰を上げたり腰を後ろに突き出したりしたり。肩と背中をゆるゆるほぐすように、柔らかで滑らかな動きを意識しながら1～2分を目安に。aikoさんの『ボーイフレンド』でノリノリに楽しく♪

1.

両足は肩幅よりやや広めに開いて軽く中腰。手は腿のあたりで固定します。肩で∞のマークを描くイメージで回しましょう。多少顔が動いてもOK。

慣れたらアレンジ ARRANGE

背面の筋膜をより効果的にリリースしましょう。お腹をえぐるように凹ませて背中をCの字にカーブさせたら、次はお尻を突き出すようにカーブを崩し背骨がSの字を描くように波打たせます。滑らかな動きで1～2分。

2.

1.

美顔筋トレ＆マッサージ

美しい表情の土台は発声で

あいうえおの口

しっかり口を開けて発声することで、表情を豊かにする顔の筋力をアップさせつつ、血行を促進しシミ＆くすみを予防。同じ「え」でも音の高低で異なる筋肉を鍛えましょう。加齢により声が下がる「老け声」の予防にも効果的。声を出すことでストレス発散にもなりますよ。

「あえいうえおあお」の順で。あ行からわ行まですべて行いましょう。

大きな動きで代謝UP

ギュッと寄せてパッ

できる限り口を広げたら、顔のパーツを真ん中に寄せるように一気に口をすぼめます。顔の筋肉を強く速く動かすことで血行が促進され、シミ＆くすみに効果的です。８～10回。

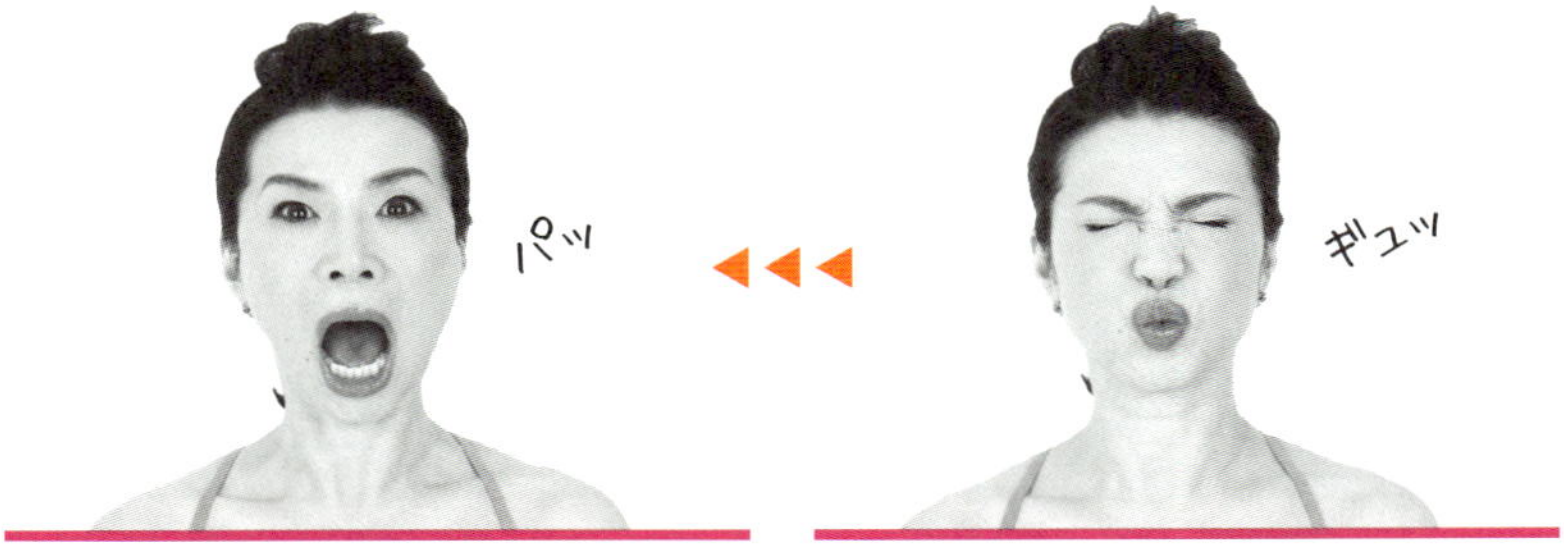

年齢が出やすい老化パーツを集中ケア

老け見えを食い止める！ 徹底メソッド7

筋膜を整え、エクササイズの積み重ねで手に入れたしなやかな体。全身が美しく整うほどに、気になるパーツが浮かび上がるもの。例えば加齢による変化が出やすい首、肘、膝、それに声などは、美容整形でもどうにもできない、「老け」の印象を強める残念なところ。でも大丈夫。こうしたパーツを意識してケアすれば、逆に老け見えのないハツラツとした印象を強められるのです。発想の転換でポジティブに自分の体と付き合うのがシルク流です。

たるみ予防で美脚づくり

膝のたるみ肉

段差を利用して
膝を曲げ伸ばし

段差ふみふみ

1.
バランスマットや、階段などの段差を利用します。片足のかかとを下ろして足首の腱が伸びるように立ち、反対の膝を曲げてバランスを取ります。

2.
その場で足踏みをするようなイメージで両足を交互にステップ。膝の伸び縮みで、たるみ肉の引き締め効果大。左右交互に30回ずつ。

太く短い首にサヨウナラ

猪首

前後の筋膜を伸ばして
美しい首のラインを

ふりこ前屈

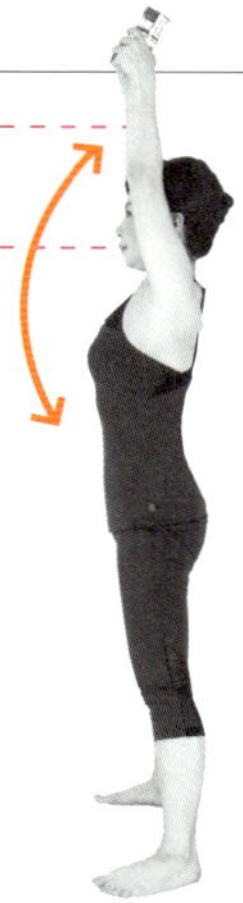

1.

両足を肩幅に開いて立ち、両手で中を満たした500mlのペットボトルを持ち上げます。ボトルの重さを利用して振り下ろしながら、骨盤から上を曲がるところまで前屈させます。

2.

太ももの間から景色を眺めたら、ペットボトルを振り上げながら体を起こします。前面と背面の筋膜が交互にゆるまり、デコルテのラインが整います。30回。斜めもやってみて。

肘のシワがぴーん

シワ肘

伸ばして回して
たるみをすっきり

ボトルまわし

1.

両足を肩幅に開いて立ち、両手で中を満たした500mlのペットボトルの端を掴んでまっすぐ上に持ち上げます。ボトルが手の開きを固定し、適度な負荷がかかります。

2.

肘が伸び、肩甲骨が上がっている状態を意識しながら、頭の上で大きく円を描くように回しましょう。背面・前面・側面の筋膜も整えられますよ。右回り、左回りを10回ずつ。

目の周りの筋肉を鍛える

垂れ下がりまぶた

目元の筋力アップで
生き生きした表情に

ぎょろ目

1.

顔は正面を向いたまま、左右どちらかの方向に横目を向けます。顔や体を動かさないように、両目の眼球だけを動かすことを意識しましょう。左右5回ずつ。

2.

眼球を正面に戻しながら、顔全体をぎゅっと縮めるように目を閉じましょう。目のまわりの筋肉を伸ばして縮めることで、血流が改善され、目元のたるみの予防につながります。

3.

同様に上下や斜めなども行いましょう。普段使わない目のまわりの筋力がアップし、生き生きとした表情を生みます。筋肉を鍛えることで、視力アップにもつながるそうですよ。

広がる鼻の穴を締める

でか鼻の穴

小鼻の筋肉を鍛えて
鼻のたるみを解消

鼻の下伸ばし

1.

鼻の下に指を当て、鼻先を軽く持ち上げます。次に、前歯に上唇を巻き込むようなイメージで、鼻の下を伸ばしましょう。頬やほうれい線のあたりも自然にしっかり伸びた状態に。

2.

次に、頬の筋肉で顎を持ち上げるようなイメージで口を閉じます。鼻の下伸ばしを30秒で3セット。頬筋と小鼻の筋肉が鍛えられ、鼻のまわりのたるみがすっきり。

加齢による薄毛を予防

薄毛

指先の刺激で
地肌から元気に

後頭部揉み

1.

リンパ節やツボの集中する耳の後ろから側頭部のあたりを、指の腹で優しく揉みます。40代以降に気になってくる、女性ホルモンの減少による抜け毛を予防します。3～5分。

2.

地肌を刺激して、皮脂を浮き上がらせるとともに、血行も促進。ツヤ髪にも効果的です。側頭部から頭頂、後頭部、首の後ろまでをマッサージすれば首のこわばりもほぐれますよ。

若々しい声をキープ

老け声

舌筋を鍛えて、
低い老け声を予防

舌ルルル

肩の力を抜いて、口を軽く開け、舌先を丸めて、息を吐きながら「ルルル」と発声して舌を震わせます。舌筋を鍛え、加齢とともに音域の下がる声帯を刺激します。

慣れたらアレンジ
ARRANGE

「ルルル」で1曲歌ったり、マライア・キャリーのように高音の多い曲を裏声で歌うのも老け声予防に効果大。私は広瀬香美さんの『ロマンスの神様』を裏声で1曲通して歌います♪

COLUMN 3

薄毛撃退！
シルク流ヘアケア

コシのあるツヤ髪の基本は、毎日の頭皮ケアと地肌マッサージ

女性ホルモンの減少の影響が髪にも表れやすい40代からは、足し算&引き算のヘアケアが大切になります。入浴前に頭皮マッサージを習慣づければ、過剰なシャンプーも不要。トリートメントに頼らずに、ツヤ髪を生む元気な地肌を育てることができます。頭も顔の一部。まずは土台の「美地肌」づくりを心がけましょう。

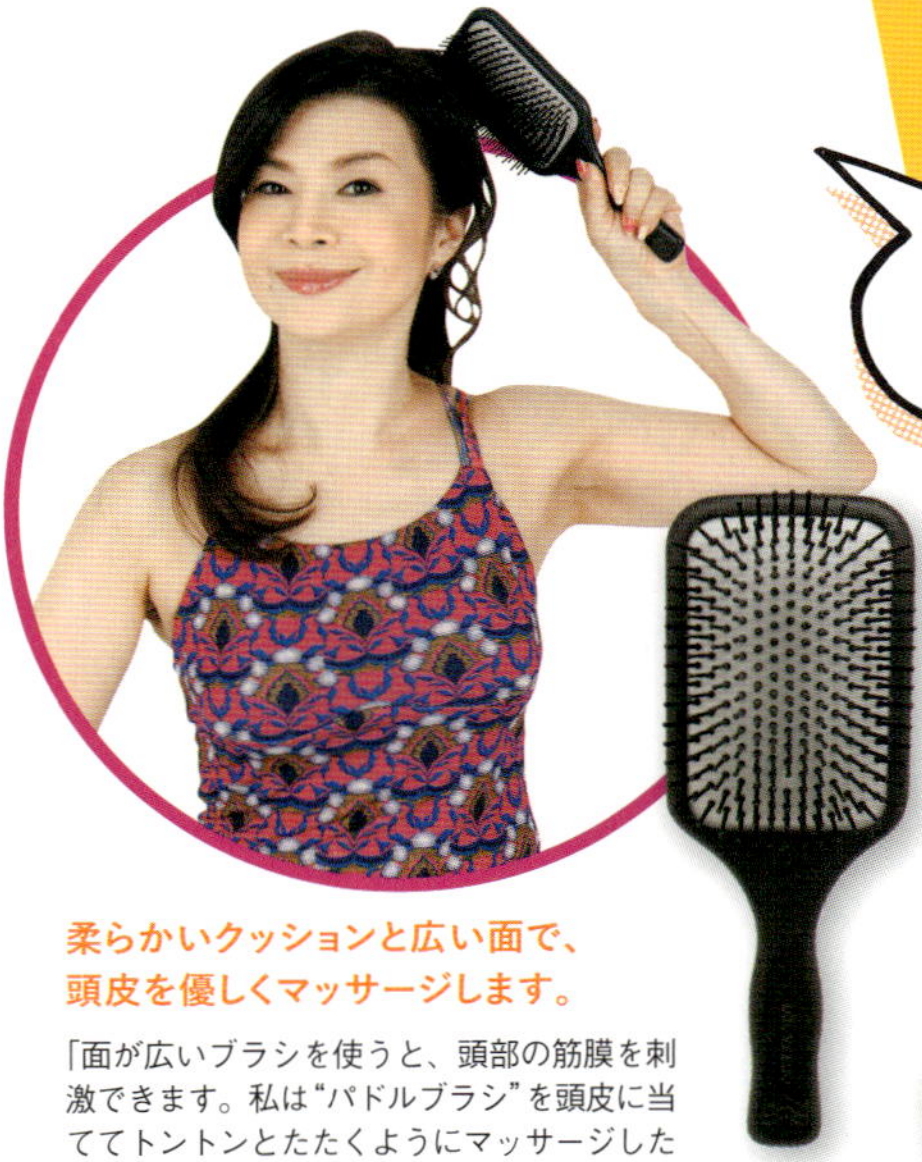

広い面の
ブラシが
ケアにおすすめ

柔らかいクッションと広い面で、頭皮を優しくマッサージします。

「面が広いブラシを使うと、頭部の筋膜を刺激できます。私は“パドルブラシ”を頭皮に当ててトントンとたたくようにマッサージしたり、耳の後ろのツボを刺激するのが習慣です」パドルブラシ￥6,450／ルーヴルドー☎06-6442-0365／http://www.louvredo.com

こりも
ほぐれて
血行促進

優しい肌あたりがクセになる陶器のプレートで頭皮を刺激。

「血行促進効果を高める“ビカッサ”は肌あたりの良い陶器製なので、繊細な頭皮のマッサージにもおすすめ。前から後ろへ、放射線状に頭皮を刺激していきます。凹んだ形状が鎖骨にぴったりはまるので、デコルテも一緒にケアします」ビカッサボディープレート￥2,200／アユーラ☎0120-090-030／http://ayura.jp

ドライヤーの熱風から髪を守ってくれるオイル。

「ブローのダメージから髪を守るために、ヘアオイルは必需品。普段はトリートメントを使わず、髪を洗った後“ミシック オイル”を濡れた髪に２～３プッシュしています」ミシック オイル￥3,500／ロレアル プロフェッショナル☎03-6911-8321／http://www.loreal-professionnel.jp/

My faborite!

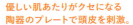

PART.
2–2

美のアップデート

体の不調を感じたら1日5分!

お悩み解決
エクササイズ

加齢による体型の変化や、デスクワークや立ち仕事による体の不調。
筋膜の滞りをほぐした後は、悩みに合わせて体を整える絶好のタイミング。
どのエクササイズも、普段鍛えていない人でも大丈夫なスローな運動です。
気になる部分とともに体幹を鍛えながら、しなやかな体を手に入れましょう。

Exercise
Exercise
Exercise

Your mind and body are one, so work out!

「体と対話」が美への入口

「今日の調子はどう？」と体に話しかけて、滞ったパーツをほぐして整えてあげましょう

年齢を重ねると、過ごしてきた時間が顔にも体にも刻まれて「私だけの個性」を持つようになります。お洒落だってそうですよね。若いころは流行を追いかけて似合わない服を選んでしまったり、何度も失敗を繰り返したりするけれど、そのおかげで自分に似合うものがだんだんわかってきます。それが「自分を知る」こと。

美しさには人それぞれの個性がある。そのことに気がついてから私が意識してきたのは、持って生まれた私という「素材」を自分らしく輝かせること。つまり「私らしい美を追究する」ことなんです。

習慣になっている顔のスキンケアでは、肌の状態の変化に気がつきます。季節によって乾燥が気になったり、月経周期やホルモンのバランスで吹き出物が出やすくなったり。でも肌の変化には敏感だけれど、体の変化には無頓着という人が少なくありません。

病気でもないのに最近なんだか体が重い。脚がむくむ。冷える。肩のこりもひどい。太ったわけではないのに、お気に入りのパンツが似合わなくなり、ベルトを締めるとぽっこりお腹が気になってきた。こうした体の変化や不調にもやっぱり原因があります。

残念ながら加齢による体型の変化は誰にでもあります。筋力が落ちて、重力に従って胸やお尻の位置は下がるし、基礎代謝が落ち、脂肪を溜め込みやすくなります。でもそれだけではありません。私たち一人ひとり性格が違うように、体の使い方にもクセがあり、人によって「使っていない筋肉」と「使いすぎている筋肉」が出てきます。そのクセも、体の変化や不調を生む原因の一つなのです。

毎日ゆっくりと筋膜リリースを続けていると、体の変化に敏感になります。右手でキャリーバッグをコロコロしながらの移動が多かった日は、左右のバランスが悪くなり腰に違和感を覚えるし、デスクワークが中心だった日は、肩甲骨から首のこわばりに気づきます。筋膜リリースやエクササイズの時間は、体と対話する大切な時間。聞こえてくる声に耳を傾けて、「肩の筋肉さん、お疲れさま。頑張ったね」といたわりながらほぐして整えてあげましょう。

ここで紹介するのは、ゆっくりとした動きで、体幹を鍛えながら、気になる部位をほぐしたり整えたりする簡単なエクササイズです。体幹を鍛えると脂肪分解が促進され、成長ホルモンの分泌も促されます。滞りをほぐし、ほど良く整えながら、自分だけの美しくしなやなか体を手に入れましょう。

背中のこわばりをほぐす

猫の背丸め

しなやかに背骨を伸び縮みさせ、血液の流れを促しましょう

猫が背中を丸めて伸びをする姿をイメージしましょう。背骨をゆっくりとほぐすことで、背中から肩、首にかけての筋肉がゆるみ、肩こりが緩和されます。血液の流れの改善にも効果大。冷え性が改善され、新陳代謝が良くなることで肌あれやシミの予防にもつながります。

1.

四つんばいの姿勢になり、一旦息を吸った後吐いて、背中で虹を描くように丸めます。背骨を一つずつ曲げるイメージで、息を吐きながらゆっくりじんわり曲げることが大切です。

2.

一旦息を吸い、吐きながら背中で描いた虹を戻します。滑らかな動きを意識して行うことで、腹筋が鍛えられ、骨盤の位置も整えられます。8～10回繰り返しましょう。

ここに注意!

肩甲骨を中へ寄せすぎたり、お尻を後ろに引いたりしないように気をつけて。

肩まわりをリラックス

肘の丸描き

肩甲骨を意識して肩まわりの緊張をほぐします

肩甲骨の動きを意識しながら、肘で丸い円を描くように腕を動かしましょう。肩まわりの筋肉の緊張がほぐれ、血流が改善されて、肩こりや顔の肌荒れやシミ予防にもつながります。腹斜筋や胸筋が適度に刺激されるので、ぽっこりお腹の引き締めやバストアップにも効果がありますよ。

1.

イスに浅く腰掛けて、上半身をリラックスさせて肩に手を置きます。体が左右に傾いたり、背中を丸めたり、骨盤を前傾、後傾させないようにまっすぐに座ることを意識しましょう。

2.

肩に手を置いたまま、一度肘をくっつけて、できるだけ離さないまま高く上げます。そこから肘を離して、肘で円を描くように腕を回しましょう。

3.

肩に力を入れると、腕を上げたときに肩が浮き上がります。力を抜いてリラックスしながら、肩と腕だけを動かしましょう。8～10回。

ウエスト＆お尻を引き締める

脚上げ足首伸ばし

筋肉のつながりを意識して、下半身すっきり

足首の角度を変えることで太ももの筋肉をバランス良く動かしながら、足先から腰までを効率良く引き締められます。お尻の横の筋肉も鍛えられますよ。まっすぐ一直線を意識した横向きの姿勢になることで、猫背、骨盤の前傾・後傾や左右の歪みなどによる腰痛の改善にもつながります。

1. マットの端に背中を揃えて寝転んで、両脚を揃えた横向きの姿勢が基本ポジション。上の手は胸の前に、下の手は肩に力が入らないように頭の下に置いてリラックスします。

2. 足首を伸ばし、糸で吊られるようなイメージで、ゆっくりと上の脚を上げます。骨盤の位置が変わらない程度まで脚を上げたら、上げた脚の伸ばしていた足首を90度に曲げます。

脚は上げすぎないよう注意しましょう。太ももの筋肉の緊張を意識することが大切。

3. 脚の間にある空気を挟むように、ゆっくりと脚を戻しましょう。左右交互に５～10回を目安に。

股関節をしなやかに

膝の皿回し

股関節を柔軟にすると美脚にも美容にも効果大

膝に筆がついていて、その筆できれいな円を描くイメージで脚を回しましょう。股関節のこわばりをやわらげ、腰まわりやぽっこりお腹を引き締めます。リンパ節の集中するそけい部の滞りも解消され、全身のリンパの流れの改善に効果大。肌荒れやくすみ予防にもつながります。

1. あお向けの姿勢で両足の膝を立てます。首や肩はリラックス。膝を曲げたまま片脚を上げ、膝のお皿で上から見ると円を描くように回します。歪んだ楕円にならないように、滑らかに一定の速度を意識して。

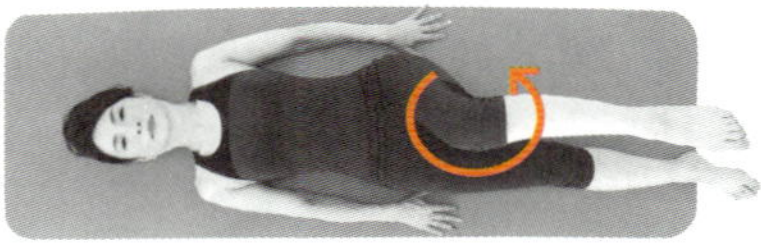

2.

左右交互に外回り・内回りを3～5回ずつ。息を吸いながら半周、吐きながら半周。速く回すのではなく、深い呼吸を意識してゆっくりと行うことが大切です。

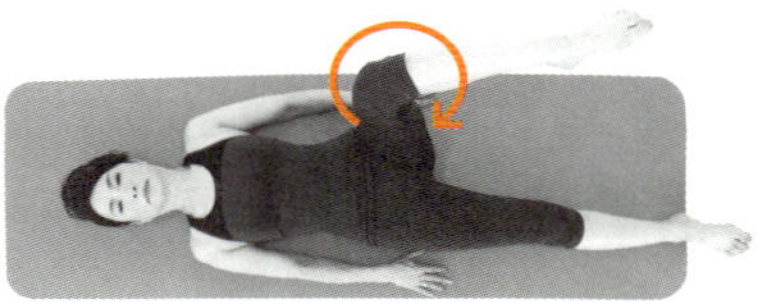

3.

描く円が大きすぎると、骨盤が開いて体がぐらつくので注意しましょう。慣れてきたら、片方の膝を伸ばして床につけて行うと、より負荷がかかって効果が大きくなります。

垂れ尻・腰痛・太ももが太い

普段使わない筋肉を刺激

かかと押しあいカエル脚

「がに股」の脚が、下半身を効果的に引き締めます

平泳ぎの、カエルのような脚の形が基本ポジション。膝を開いて太ももの筋肉を緊張させながらゆっくりと上げることで、普段あまり使わない太ももの前、背面とお尻の筋肉を効果的に引き締めます。股関節のねじれも整うので、腰痛の改善にも効果があります。

お尻に
えくぼが
できたかな

1. うつぶせになり、膝を曲げ、両膝を肩幅より少し広げて、かかとで押しあいます。このとき足首は90度に曲げます。上半身は力を抜いてリラックスしましょう。

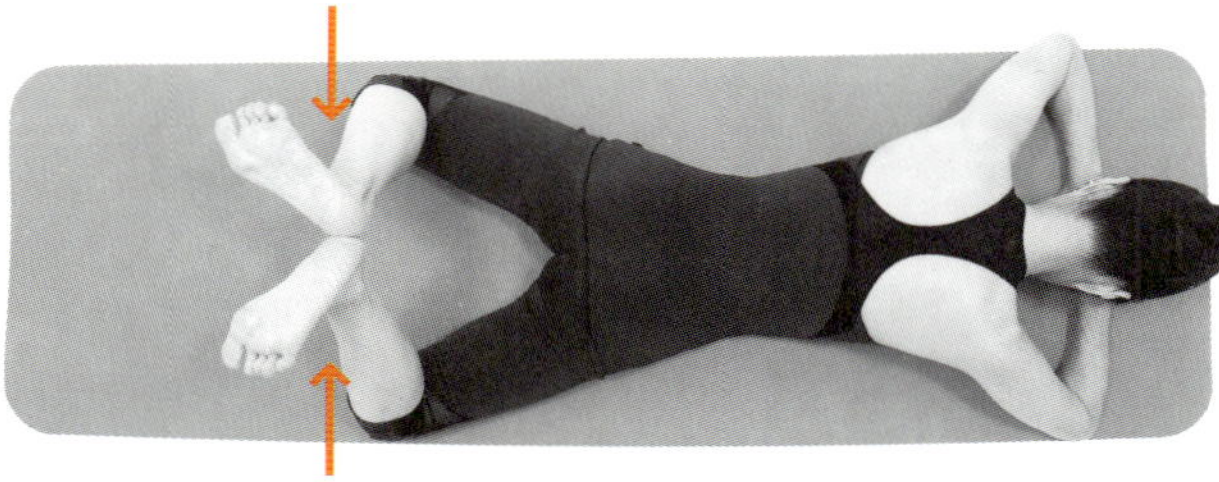

2. 太ももの背面とお尻の筋肉を意識しながら、膝を浮かす程度にかかとを押しあい、そのまま10秒キープ。その後じんわりと力を抜いて戻します。5回。

NG..!

膝頭が少し浮く程度で、
それ以上は足を上げない
ように気をつけて。

すっきり後ろ姿美人に

背骨はがし

すっきりした太もも、ヒップ、背中。美しい後ろ姿に

背骨を少しずつ床からはがすように、骨盤を正しい位置でキープしたままお尻を持ち上げます。滞りがちな背中の血流がスムーズになり、美しい背中のラインづくりと肌のくすみ予防に効果があります。お尻の筋肉や太ももの裏側にある筋肉を使うので、垂れ尻やプルプルたるんだ太ももを引き締めます。

1. 足を揃えてあお向けになり、膝を立て、息を吸います。吐きながら、背骨を1コずつ床からはがすように、胸から膝までが斜め一直線になるまで、お尻をゆっくりと持ち上げます。

2. 再び息を吸い、吐きながらゆっくりと戻します。上げ下げのとき、左右の骨盤の高さが同じになるように意識しましょう。8～10回。お尻を上げるとき、胸を反らさないように注意。

美しい背中を手に入れる

壁はがし

ゆっくり背骨をしならせて
こわばりをほぐしましょう

背骨を少しずつ壁からはがしながら、上体を丸めます。背中や肩、首の筋肉の緊張がほぐれて、背中のこわばりや肩まわりの力が抜けてリラックス効果も絶大。血行が良くなることで肌荒れの改善にもつながります。壁に背中を沿わせて、背骨を伸ばすことで、猫背などの体のクセにも気づいたりしますよ。

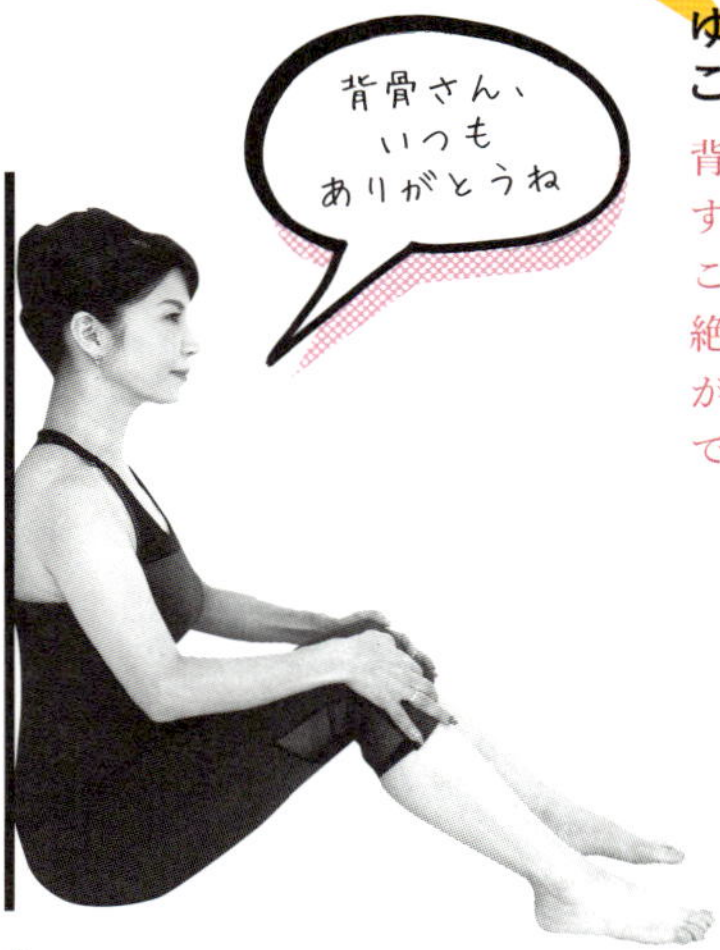

1.

骨盤をできるだけまっすぐ立てて、背中をぴったり壁に沿わせて座ります。膝は腰幅に広げ、肩から腕をリラックスさせて、手は軽く膝に。顎を引き、首をまっすぐに意識します。

2.

頭の重さを利用して、上半身を前に丸めます。このとき、肩甲骨のあたりから背骨を少しずつ壁からはがすように、できるだけゆっくりじんわり行うのがポイントです。

3.

無理なく丸まれるところまで曲げたら、ゆっくりと下の背骨から壁につけていきます。首から腰まで1本のラインを描く背骨が、美しくしなるような柔らかな動きを意識しましょう。

脚の疲れやむくみを解消

バタ足泳ぎ

股関節のこわばりをほぐし、新陳代謝もアップ

脚で水面をパシャパシャしながら泳ぐようなイメージです。膝下ではなく、股関節から脚を動かすように意識しましょう。立ち仕事や、ヒールなどでこわばった筋肉や股関節をほぐし、脚の疲れを取りながら新陳代謝を促進します。太ももの前面・背面を引き締め、体幹を整えて、すっきりきれいな腰をつくる効果もあります。

1. うつぶせになり、腕は肩幅に開いて、上から見るとWの字を描くように手を置きます。顔は床を見たままで、背中から頭の先がまっすぐになるように軽く上げておきます。

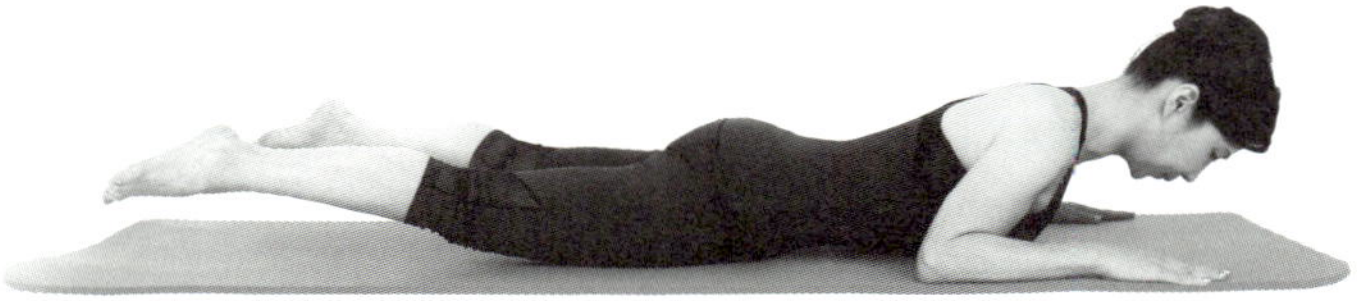

2. 足首を伸ばしたまま、太ももとお尻の筋肉を意識してゆっくり太ももを浮かせます。恥骨をマットに押し込めるようにイメージしながら下腹部をしめます。

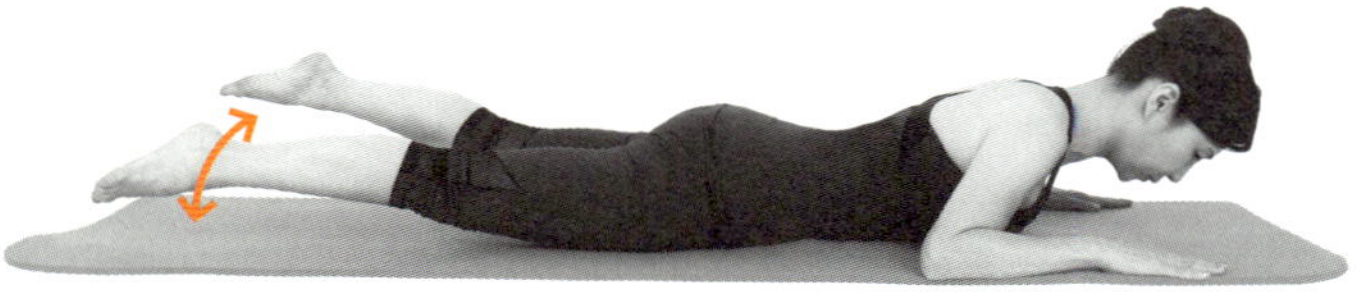

3. 股関節から脚が伸びているようなイメージで、パシャパシャと水面を叩くようにバタ足します。20回ほどを目安に。

下腹部を集中してアタック

だるま転び

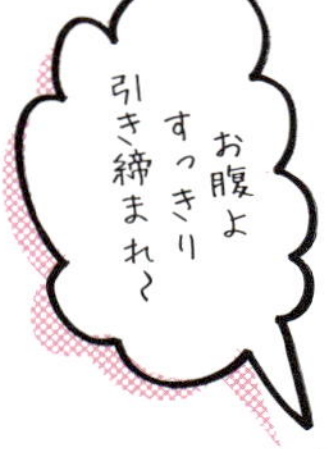

ゴロンゴロンと腹筋を鍛えて ぽっこりお腹をすっきりシェイプ

だるまさんが前後に転がる姿をイメージしましょう。簡単そうに見えますが、実は腹筋の力がないと転がった後に体を起こすのが難しい動きなんです。毎日5〜10回続けると、少しずつ下腹部が引き締まり、ぽっこりお腹の悩みも解消されますよ。

1.

体育座りのように、脚を閉じて膝を揃え、腕で脚を抱えるように座ります。目線は膝を見るように顔を自然に下げ、下腹部に力を入れて、足をしっかり踏んで安定させます。

2.

背中が「C」のカーブを描くように丸めながら、その丸くなる背骨の動きを使って、体全体を後ろに倒します。勢いをつけすぎないように気をつけて。

3.

肩甲骨が床に当たるまで転んだら、下腹部に力を入れ続け、腹筋の力で起き上がりましょう。8〜10回。

POINT

難しいひとは

大きなボールに覆い被さるようなイメージで、上半身を少し引いて戻すだけでも腹筋に効果大。肩甲骨を安定させ、目線は膝に向けたまま骨盤だけを移動。8〜10回。

上半身をシェイプアップ!

床で平泳ぎ

大きな動きで、上半身をキュッと引き締めます

イメージするのは、上半身だけのバーチャル平泳ぎです。肩甲骨をしっかり回すので、肩こりや猫背にも効果大。呼吸を意識して行うので、肺のガス交換にもつながり、気分も爽快。腹筋、背筋から太ももの前面・背面までしっかりと筋肉を使うので、ほど良く全体を引き締める効果もあります。

場所が
あったら
ひと泳ぎ

1.

うつぶせになり、顎を引き、首の後ろをまっすぐに伸ばし、顔を少し床から上げます。腕は上から見るとWの字を描くように、肩幅に開いて置きます。

2.

息を吸い、平泳ぎするように、息を細く長く吐きながら腕を頭上に伸ばし、上半身を少し持ち上げて、体の横で腕を腰まで回します。

3.

腕を腰まで下ろしたとき、上半身は肋骨下半分くらいまで上げます。腕が腰についたら息を吸いながらWの位置に戻します。8～10回。

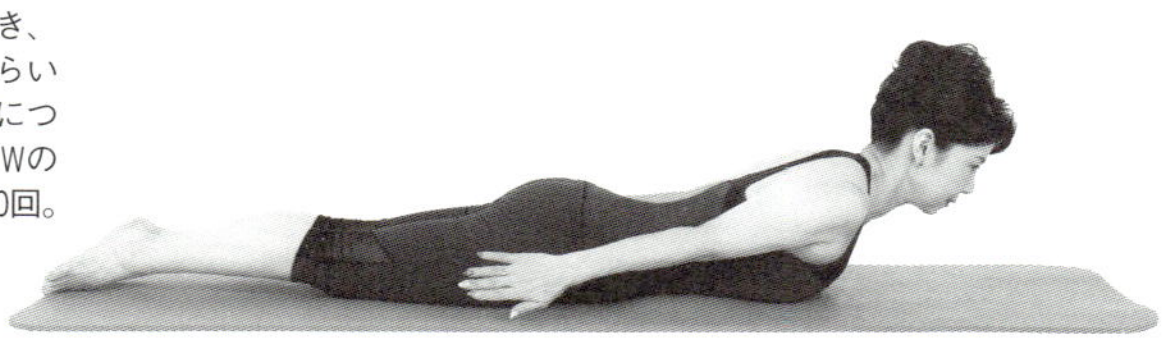

全身のゆるみを引き締め

ハート腕立て伏せ

接地面を減らして負荷をかけ、全身を引き締めます

脚を上げて接地面を減らした状態で、肩から背骨をまっすぐに保ちゆっくり腕立て伏せ。適度な負荷がかかり、腕、大胸筋、腹筋、腰、太ももの前面・背面の筋肉を総合的に引き締めて、体幹を整えます。バストアップにも効果大。ぽっこりお腹、肩こりや猫背の改善にもつながります。

腹筋も
大胸筋も
ファイト！

1.

四つんばいの姿勢から膝を後ろにずらします。肩を動かさないように固定させ、膝から頭までまっすぐになるようにします。

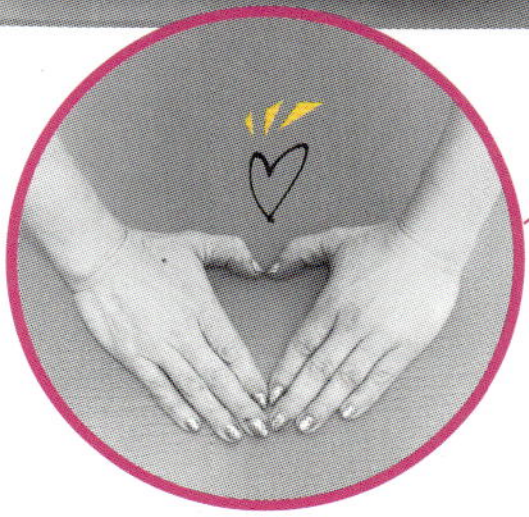

POINT

適度な負荷をかけるため、人さし指と親指をくっつけて行うと効果的。こんなふうに手がハート型になりますよ♡

2.

ひと息吸い、吐きながらゆっくりと肘を曲げます。上半身が床に近づいたら息を吸い、吐きながらゆっくり肘を伸ばします。

腹筋を集中的に鍛える

ゆるゆる腹筋

小さな動きでも、筋肉を意識して効率良く鍛えましょう

首の後ろを長く伸ばしながら肩甲骨から上だけを起こしましょう。骨盤を動かさずに頭部を持ち上げるために腹筋に負荷がかかり、小さな動きでしっかりと引き締めに効果があります。膝を立てて行うことで、体幹がしっかり鍛えられます。

1. あお向けの姿勢で、膝を立てます。息を吸い、顎を引いて、息を吐きながら目線をおへそに向け両手を頭の後ろで組み、ゆっくりと頭と脚を上げましょう。

2. 肩甲骨の下にすき間ができたら、息を吸って、吐きながら脚をゆっくり戻します。最後まで顎は引いたまま、頭は最後に下ろしましょう。腹筋をゆるめずに行うのがコツです。

エクササイズで大切にしている

私の5つのポイント

My important 5points

エクササイズを行うとき、私が大切にしている 5 つのポイントがあります。
このポイントを保つことができればまずは大丈夫。目安にしてくださいね。

3 胸郭

腹部には背骨しかないため、12対の肋骨は腹筋がコントロールし、支えています。正しい呼吸は胸郭を広げて縮め、背骨が伸び縮みするのを助けます。指でさした肋骨の下部分は(写真)軽く閉じているのが正しい状態です。

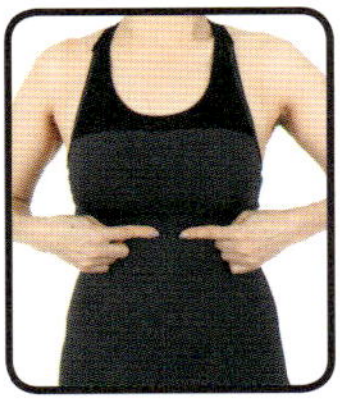

1 呼吸

鼻から吸って、口から出すのが呼吸の基本。エクササイズのときは緊張せずに、この呼吸を意識して行います。普段の呼吸とは空気を入れる場所を変えて、肺を横や後ろに膨らませるように 3D呼吸にしてください。それだけで気持ちが安らぎ顔色も良くなりますよ。

4 肩甲骨

背中に張りついている 2 枚の板が肩甲骨。実は肩甲骨はとても不安定。だから運動を始める前に、肩甲骨が背骨に寄ったり逆に離れたり、肩が上がったり下がったりしていないかが重要。リラックスして運動を始めるために、安定させておきたい場所です。

2 骨盤

体の上下を支えている大切な骨盤さえ正しい位置にあれば、エクササイズはきちんと行えます。横から見ると前でも後ろでもない、その中間(ニュートラル)に骨盤があれば、体が受けるショックを最大限和らげてくれます。

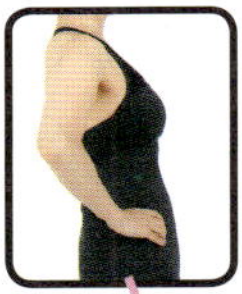

5 首

あお向けで起き上がって体を丸めるとき、首が反り返らないように注意しましょう。真上に向けていた視線を少し下げて(卵 1 個分の空間を残す程度に顎を引く)、ゆっくり起き上がると、首の後ろを痛めませんよ。

体の中から悩みを解決する

野菜のアドバイス

Advice to eat vegetables

いくらエクササイズを頑張っても、なかなか効果が出ない。そんな時は、「食」の効用を意識して、体の内側からもサポートしてあげましょう。

垂れ下がりまぶた

健康な目元美人を目指すには、**ほうれん草**と**マンゴー**。ほうれん草に豊富に含まれるルテインは、眼球内の組織を保護し、強い抗酸化力を発揮して水晶体や網膜の酸化を抑えます。マンゴーは疲れ目の予防に効果が期待できるビタミンAで、視覚を正常に保ちます。

老け声

口内炎などを防ぎ、口内環境を整えることも生き生きとした声のために大切です。皮膚や粘膜の健康維持を助ける働きをするビタミン、B6 が豊富な**ニンニクの芽**で、こまめにビタミン補給をすれば口内環境がリボーン。同様にビタミンB2、B6 が豊富な**ブロッコリー**も積極的に食べて口内トラブルを改善しましょう。

膝のたるみ

脂肪を溜め込むのが「冷え」。だから「足腰は冷やさない」のが大人の女のルール。ジンゲロールを含む**生姜**は、血管を拡張させることで基礎代謝を上げ、脂肪の代謝を促進。血流を良くする働きをするビタミンEが豊富な**プルーン**も摂りいれて、冷えに勝ちましょう。

猪首

疲労からも影響がある首のシワ。**ゴーヤー**に豊富な独特の苦味成分モモルデシンは、神経に働きかけて、気持ちをシャキッとさせる効果もあります。血液サラサラ作用や解毒作用、疲労回復効果のあるアリシンが豊富な**ニンニク**も、酸化ストレス状態を脱出する強い味方ですよ。

シワ肘

乾燥からくる肘のシワ予防には、**芽キャベツ**がおすすめ。「小さなビタミンC爆弾」と呼ばれる芽キャベツは、キャベツの4倍もビタミンCを含んでいます。また**からし菜**も、「ビタミンACE(エース)」と呼ばれ、ビタミンA、C、Eを豊富に含んでいます。

たるみ

体重が1キロ増えると、顔にもたるみが出ます。ダイエットには、辛味成分のカプサイシンが豊富な**トウガラシ**がおすすめ。カプサイシンは発汗作用があり、脂肪燃焼などに効果があります。腸を整えて、便通を改善するには食物繊維やカリウムが含まれる**レタス**がおすすめ。カリウムは腸壁の動きを正常にします。

ほうれい線

ほうれい線の原因の一つはお肌の乾燥。抗酸化作用で老化を防止するビタミンEや、皮膚と粘膜をつくる働きのあるビタミンAを豊富に含む**かぼちゃ**は、お肌のサビを落とし、保湿を促す美肌効果の期待できる強い味方。また、皮膚の再生、新陳代謝、美肌づくりに効果があるビタミンB6が豊富な**アボカド**もおすすめ。

シミ&くすみ

パプリカは抗酸化作用で肌のサビつきを予防する、アンチエイジング効果の高いβ-カロテンが豊富。**おかひじき**もβ-カロテンを多く含み、くすんだ肌を明るくしてくれます。さらにリコピンが豊富な**トマト**は肌を乾燥から防いでくれ、美白対策にも効果的なので積極的に摂りましょう。ビタミンCの多い**苺**や**柿**でメラニン生成ストップ。

薄毛

さやいんげんは、糖質・脂質・たんぱく質の代謝に関わるビタミンB群が豊富。代謝が活発化してツヤ髪も復活。**くるみ**に含まれるα-リノレン酸が血管を広げ血液の量を増やし細胞の酸化を防ぎ、髪が育つ環境を整えます。

でか鼻の穴

すっきりした鼻には花粉症の予防も大切。**えごま**に含まれるα-リノレン酸は、炎症を抑える効果があります。また**カイワレ大根**は鼻の粘膜を丈夫にする働きのあるβ-カロテン、ビタミンC、Eが豊富です。

a collection of Silk's sayings

“朝起きると1日の始まりが嬉しくてわくわくする。70歳でも80歳でも、そんな目覚め方ができる体をつくりたい”

朝、起きると腰が痛い。そんな体の痛みは知らず知らずのうちにストレスとして蓄積されてしまいます。100%取り除くことは難しいけれど、私には体から受けるストレスはほとんどありません。それは筋膜を整えながら、体と対話を繰り返して、「体が心地良くおさまる位置」がわかってきたからなんです。

「大地と体がコネクトする」という言い方をしますが、足をしっかり踏ん張ると、膝、そして腰にかかる負担が減って、ストレスも自然と軽減します。加齢による老化は誰にもあるけれど、それに囚われずに今の自分の体の持つ力を信じて受け入れる。若いころに戻りたいではなく、細く長く自分らしさを保つことで、昨日よりも今日、今日よりも明日が楽しみになる。そんな「持ちの良い」体と心を一緒に目指しましょう。

Message

COLUMN 4

心地良く目指す つるピカのボディ

Bow Wow

つるピカの美しい「体と心」を同時に手に入れるのがシルク流

シルク流の美の法則は「美のためには我慢」の真逆にあります。身につけると見た目を美しくしてくれるだけでなく、ぽかぽかと暖かく体を包み込んでくれたり、引き締め効果で体のだるさまで緩和してくれたり。肌触りやつけ心地の良さで心まで癒やされたり。「体と心」を同時にすっきりピカピカに輝かせてくれるんです。

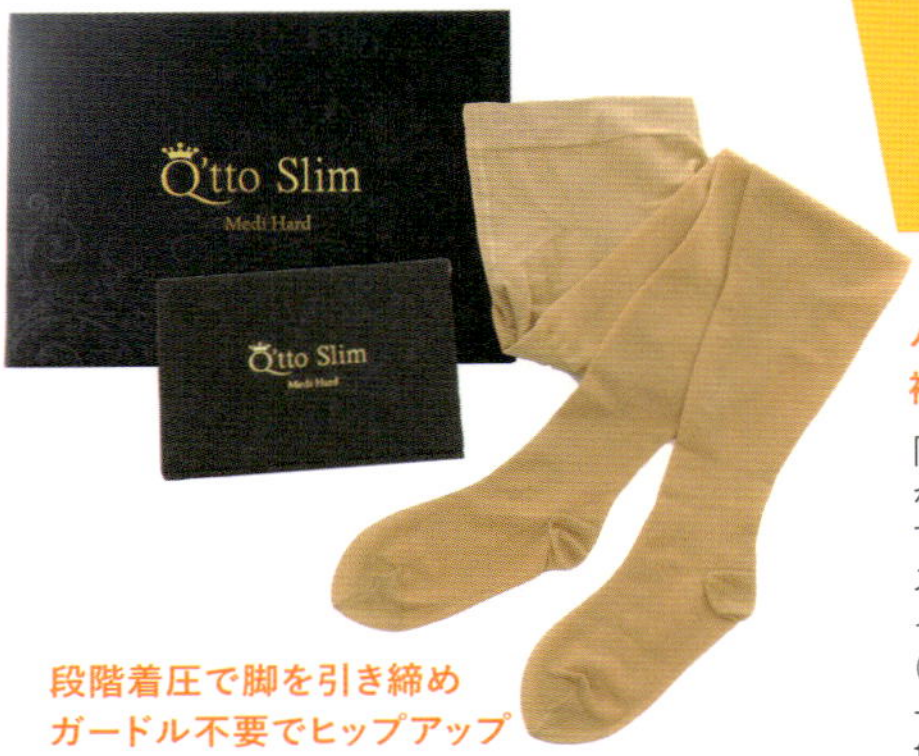

段階着圧で脚を引き締め ガードル不要でヒップアップ

「お尻の垂れ防止に、夏でもはいています。脚のむくみやだるさを軽減する効果もあり、立ち仕事の方にもおすすめですよ」着圧ストッキング キュットスリム・メディハード¥3,700／グランブルー☎043-216-4107／http://qtto.jp

バストを定位置に戻す 補正用のナイトブラ

「40歳をすぎると胸が左右に流れ、どんどん形が崩れていくんです。つけ心地の優しさとレースたっぷりのデザインも気に入ってます」ふんわりルームブラ（シフォンピンク）¥3,980／シーオーメディカル☎0120-407-114／https://www.co-medical.jp

着る岩盤浴"BSファイン"に米糠繊維をプラス

「ぽかぽかな上、足がつるつるになるんです。冷え防止にBSファインの腹巻き、レッグウォーマーと一緒に年中愛用しています」BSファイン ショートソックス¥2,500／加茂繊維☎0120-259-789／https://www.bsfine.com

皮膚を湿らせて再生する、医療材料でボディケア

「火傷などの傷跡をキレイに治す、治療用の保護材。私はカサついた肘や膝のケアに使っています」プラスモイスト（125㎜×125㎜・３枚入り）¥1,100／瑞光メディカル☎072-653-8877／http://www.zuiko-medical.co.jp/

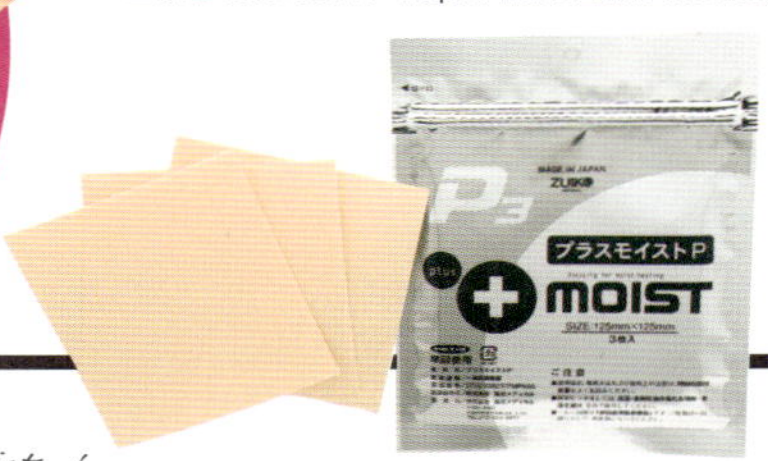

for your moist skin

PART.
2–3

美のアップデート

ストレスを鎮め、心を解放するメソッド

心をリリース

体に良いことや気持ちが良いことだけを心がけて、日々過ごしていても、
いつのまにか疲労が蓄積するように、心もストレスを溜め込んでしまいます。
そうならないように、私が行っているとっても簡単なことを 2 つお教えします。
心と体は密接につながっていると体感できる、気持ちのいいことですよ。

Relaxation
Relaxation
Relaxation

ルールを決めず
何も考えずに〜

Move your body freely and release your spirit.

自由に体を動かして、心を解放しましょう

パンディキュレーションとは、人間や多くの動物が自然に行っている「伸び」のこと。体が休んでいる状態から運動を始めるとき、体の弾性を再度発火させる準備のために行われる無意識の行動です。大切なのは縮めて伸ばすこと。私たちは体を伸ばしながら、実は他の部分は縮めているんですよ。縮んだところを意識してゆっくり伸ばし、体の弾性を目覚めさせるパンディキュレーションは、そのことから「筋膜のリセット」とも呼ばれています。

So, fine…!!

基本は寝た状態で行うパンディキュレーション。私は慣れているので立って動きますが、慣れないうちは無理をせず、ベッドの上でゴロゴロ転がったり好きな方向に手足を伸ばしたりしてみましょう。体が誘う自然な方向は、体や心にとって心地良い方向。自分の体の直感に従って自由に動いてみてください。

転がりたく
なったら
転がる〜

大人になると、頭でっかちになって、何にでも理屈を求めてしまいます。体を動かすときも、何のためにどう動かすのか、意味と目的と方法から入ります。もちろんそれはとても大切なこと。筋トレもストレッチも、正しい身体運用と理論が重要です。

でもね、時にはそういうものを一切忘れて、頭ではなく体の思うように動くこともとても大切。頭で体をコントロールすることは、心もコントロールすることになります。そうではなくて、体の声に耳を傾けて、心を解き放つ。赤ちゃんのように何も考えず、行きたい方向に転がったり起きたり、手足を動かしてみると、いつしか完全なリラクゼーションへと導かれるんですよ。

動きも時間も回数も気にせず、リビングの床でも畳の上でも、どこでも大丈夫。毎日でも一日おきでもいいし、寝る前でも起きたときでも、やりたくなったときにやるのが一番(でもきっと毎日したくなるはず)。ただ動かしたいほうに体を動かす。心も体も解放して、自由に「体のあくび」をさせましょう。

Deep breathing relaxes and comforts you.

お守りみたいな、呼吸法を教えます

立体（3D）呼吸法は心と体を同時に整える女性の強い味方です

肺は立体（3D）。放っていても肺の前面には空気が入りますが、背面には意識しないと入りません。だから呼吸で大切なのは「背中に空気を入れる」こと。呼吸は体と密接な関係があります。運動するときに、深い呼吸は腰部のまわりの筋肉の動きを良くします。女性は妊娠すると横隔膜が上がり、胸の上部前で呼吸をするため肩や首がこるんです。1日に2万回以上する呼吸。就寝前の3〜10回だけでも意識してみましょう。

心身のバランスを調整する自律神経には交感神経と副交感神経があり、心を穏やかにする副交感神経は、加齢により、女性は40歳以降から活動レベルが徐々に低下していくといわれています。深い呼吸はこの副交感神経を活発にし、倦怠感や不眠、目眩などを生む自律神経失調症の予防にもつながります。

息を吸った後、肺の前から後ろ、肩から手先、お腹から足先へ抜けるように空気を送り込む感覚を身につけてください。呼吸はあなたの体の「資源」なんです。そのことを忘れないでくださいね。

覚えておきたい！

3Dの呼吸法

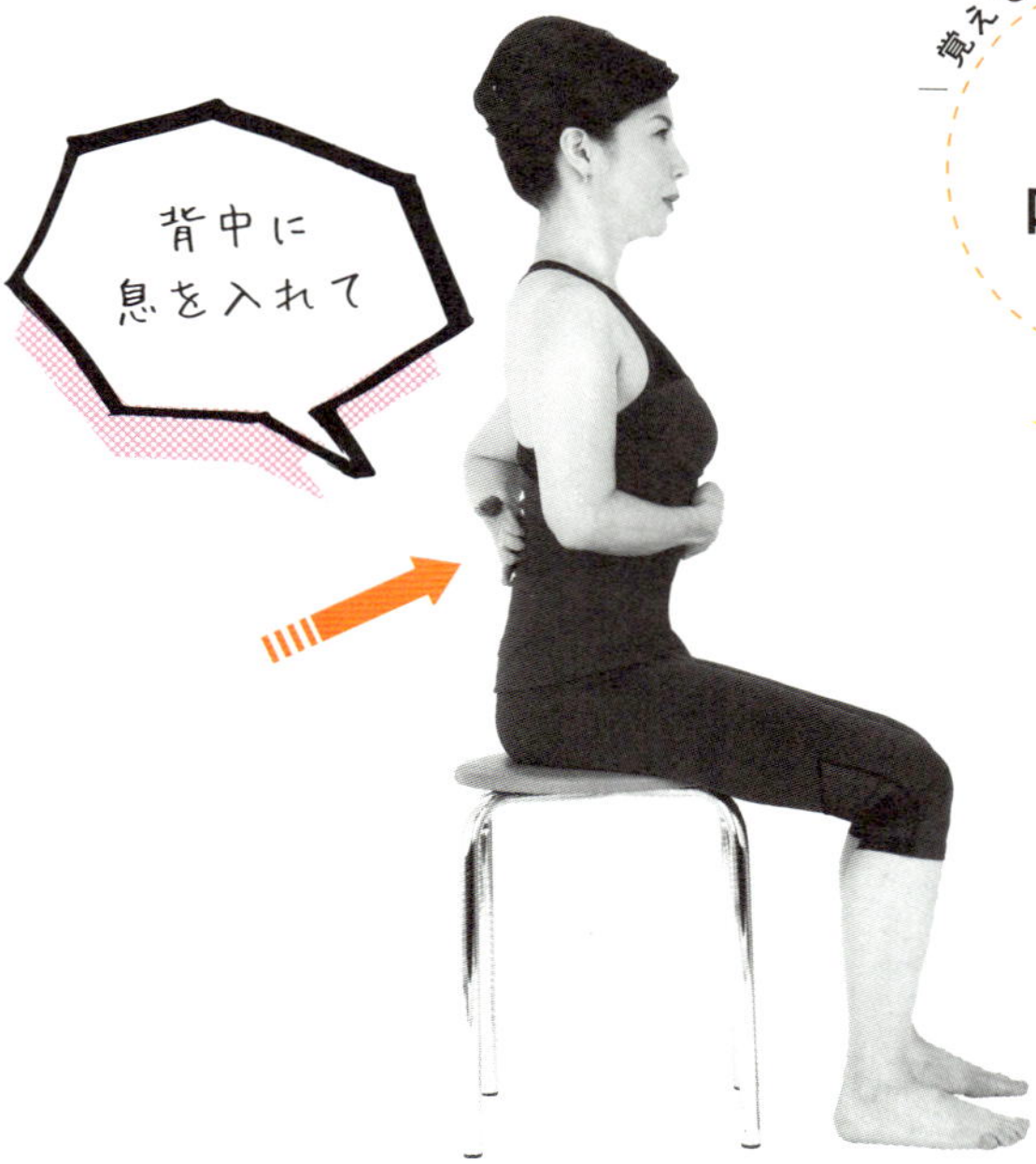
背中に
息を入れて

背中に空気を入れて肺をいっぱいに満たす深い呼吸を習慣に

呼吸は鼻から吸って口から吐くのが基本。肋骨の一番下、横隔膜のあたりに手を当てて、息を深く大きく吸って、背中に回した手を押すように肋骨を開きましょう。肺がいっぱいに膨らんだら、肋骨を閉じるように、できるだけ細く長く吐きます。

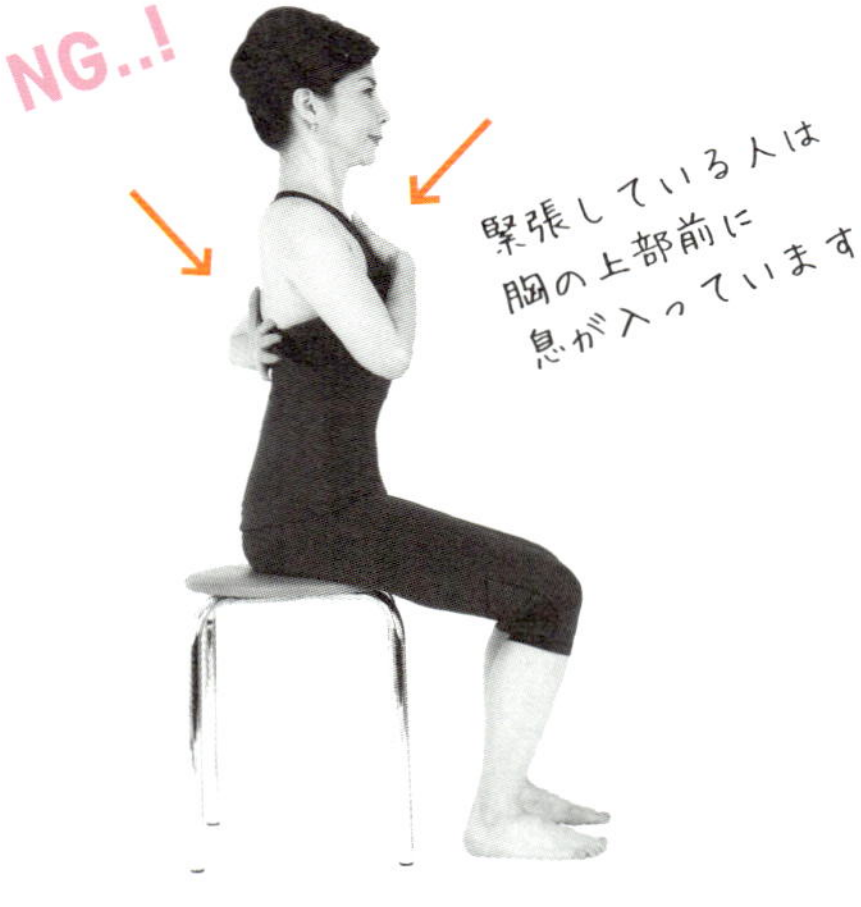
NG..!
緊張している人は
胸の上部前に
息が入っています

CHECK IT!

背骨はゆるいS字を描いて曲がっています。無理に反らしたりしないように気をつけて。肩を後ろに回し、そこから前に戻すと自然な姿勢になりますよ。あぐらの状態で行ってもOK。

PART. 3

美の
ゆるい習慣

BEAUTY ROUTINE

Good meals are basics to your health&beauty.

食は、美しい「体と心」の基本

消化吸収の基本サイクルを理解しましょう。体の声に従って、しっかり食べてストレスフリー

体は、自分が「食べたもの」でつくられています。だから、一番してはいけないことは、極端に「食べない」こと。無理な食事制限をすると、血管年齢や筋肉が老化し、女性ホルモンにも悪影響が及ぼされるなど、美しくなるどころか、老け込んでしまいます。

1日3食が基本のようにいわれますが、実は江戸時代後期までは、朝と夕の1日2食が基本だったそうです。けれども大工さんなど肉体労働をする人は、昼に食事をとることもあったと言われています。体を使う人は、体の要求に応えて臨機応変に食べていたんですね。大切なのは、そんなふうに体の声に耳を傾けて「意識して食べる」ことなんです。

私が目安にしているのはお腹の「ぐぅ」。お腹がこのラッパを3回鳴らしたら食事の合図。だいたい3回くらい鳴ったら、長寿遺伝子とも呼ばれるサーチュイン遺伝子が働いて、胃腸が若返るのだとか。そんなふうに最近の科学では、腸はアンチエイジングの鍵を握る臓器だということが解明されてきました。自律神経にも大きな影響を与えるため、心の健康にも重要です。

疲れた胃腸は休ませることで回復します。人間の体は、24時間を3分割した8時間サイクルで、排泄(午前4時～)、消化(正午～)、吸収(午後8時～)を行っているという考え方があります。だから夜の8時までに食べ終えることで、胃腸の負担を減らすことができます。私は夜ご飯から翌朝のジュースまで12時間ほど空けて、週3回胃腸を休ませています。特に午前中は老廃物の排出をうながして新陳代謝を促進するために、胃腸の負担にならない酵素たっぷりのジュースだけを摂るようにしています。たんぱく質は大豆などの植物性たんぱく質から摂ることでも、腸の負担を減らすことができます。

美容に目覚めてから食生活を意識してきましたが、さらに大きく食事を見直すことになったのは、母の病気がきっかけでした。がん細胞と戦いつつ、共存していくには気力と体力を養う食が大切になります。そんな食事とは何だろうと試行錯誤する中で、日本で昔から食べられている和食の良さ、特に一汁三菜の食事が、活性酸素を除去する健康食だと気がつきました。腸内環境を整える、発酵食であるお味噌や玄米。大根や牛蒡といったミネラルの多い根菜類の煮物は、日本の伝統食ですよね。体も心もほっこりするそんな食事をしていると、便秘しらずでお肌の調子もいいんですよ。

3つの食の基本

食の基本となる「油」「水」「米」を変えると、自然と食生活全体を見直すことになりますよ

美しくなるために食生活を変えたい。でも長年の習慣を変えるのは勇気が…。そんな人は、食に欠かせない3つの基本、油・水・米を変えることから始めましょう。

まず油。「調合サラダ油」はリノール酸が多く、量を多く摂りすぎると、体内で炎症を起こす可能性があります。私が愛用するのはフレッシュなオリーブオイルです。オリーブオイルは悪玉コレステロールを減らし、善玉コレステロールを維持するオレイン酸を多く含みます。熱に強いため、加熱調理でも栄養の効果を維持してくれます。またオイルが足りていないと感じるときは、美と若さを保つ不飽和脂肪酸であるオメガ3を豊富に含む、えごまオイルや亜麻仁油をキャップ1杯飲みます。飲み始めてから、肌質が変わってきたことを実感しています。

次にお水。コンビニエンスストアでもたくさんの種類のミネラルウォーターが並んでいますが、中には発がん性物質である硝酸態窒素《しょうさんたいちっそ》を含んでいる水もあります。う

油 Oil

「イタリアの農園まで出掛けてこの目で確かめた、エキストラバージンオリーブオイルです。絞りたてのジュースみたいなフレッシュな味わいなんです」(左)ヌオーボオイルイアノッタ(500ml)¥3,100／神戸ヴァッラータ ☎0798-20-3392 「オメガ3豊富なえごま油は、ぜひ生で摂ってください。私はお味噌汁にも納豆にもかけます」(右)北海道産 えごまの雫(100g)¥2,000／アムリターラ☎0120-980-092／http://www.amritara.com

水 Water

「体の大半は水でできているので、日々の飲料水にはこだわっています。お気に入りは、希少なミネラル成分を豊富に含んだシリカ水です」霧島天然水のむシリカ¥3,333(1箱24本入り)／極選市場☎0120-191-493／http://www.nomu-silica.jp/

まく選べたらいいけれど、見極めるのが難しいですよね。硝酸態窒素のパックテストをするのもおすすめです。理科の実験みたいで楽しいですよ。

そしてお米。一汁三菜を食の基本にしてから、白米は少なくしてミネラルの多い酵素玄米を食べるようになりました。酵素玄米とは、発芽した玄米を炊いて5日ほど寝かせたものです。酵素玄米専用の炊飯器で炊き保存していますが、3日目から良い香りがしてきて、5日目がとても美味しいんですよ。もちもちして甘くて、腹持ちが良いので朝食べたら夕方までもつくらい。玄米にはアブシジン酸があり消化不良になりがちなのですが、発酵させることにより無毒化し、ランクアップするのです。さらに数日間熟成させるから、ガンマーアミノ酪酸が白米の10倍に！　ガンマーアミノ酪酸は更年期の症状やストレス軽減に効果があり、腸のぜん動運動を活性化してくれて、お通じにもいいんですよ。

こうして基本を見直すだけでも、自然と口に入れるものへの意識が高まります。それが何より大切なんです。

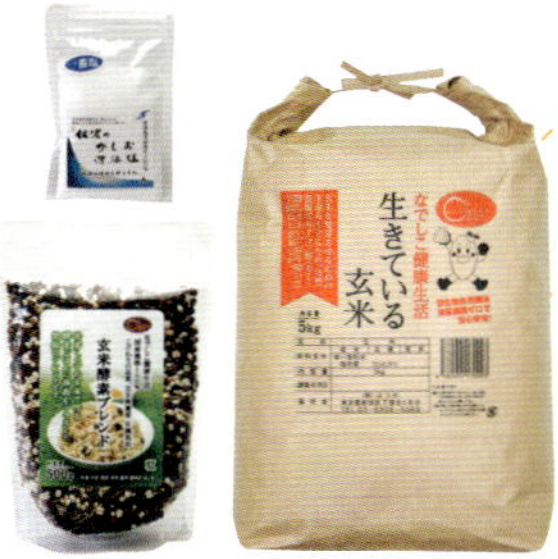

米 Rice

「和菓子問屋の娘なので小豆を足して焚いています。お赤飯みたいでもちもち、美味しいですよ」　玄米酵素ごはんセットB(生きている玄米5kg・玄米酵素ブレンド500g+天然塩50g)￥6,574、美と健康づくりのための炊飯器￥59,800／なでしこ健康生活☎0120-825-417／http://www.hatsugagenmai.co.jp/

Rice cooker

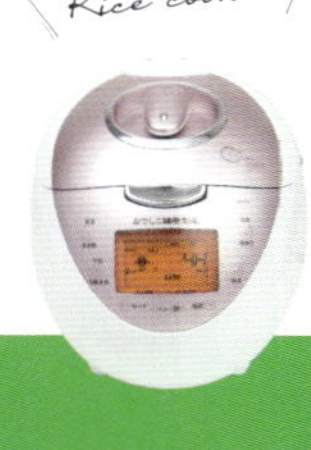

こだわりの食

自分の体で人体実験をしながら、美しい「体と心」に効果があるものを日々探求中

「食にこだわる」とは、高価な食べものを選ぶことではありません。口に入れるものが自分の体をつくるという意識を持つこと。ストイックに「ダメ」な決まりごとを増やすのではなく、私は楽しみながら工夫しています。例えば、伝統的な製法で醸造されたみりんを使えば、砂糖を使わなくても、美味しい煮物がつくれるんですよ。以前、醤油の醸造工場にお邪魔したとき、「美味しく育てよ」とまるで我が子に語りかけるように、職人さんが足で豆を踏んでいる姿を目にしました。愛情をかけて丁寧につくられたものは、口に入ったとき、優しい美味しさを感じて体も心も喜ぶのがわかりますよね。

２０１２年に野菜ソムリエ(現・野菜ソムリエプロ)の資格を取得して、自分でも野菜をつくらせてもらっています。実際に畑に出ると、農薬を使わずに農作物を育てることがどれだけ難しいかよくわかります。できれば無農薬がいいけれど、なかなか難しいですよね。私はホ

タテの貝殻からつくった野菜専用の洗剤も使いますが、根菜類は蒸すと農薬がほぼ落ちますし、茹でこぼしでも効果があります。バナナは農薬が溜まる茎から2センチほどを切り落とせば大丈夫だとか。知識を身につけて、ちょっと気にする。それでも十分です。

5年ほど前からは、和ハーブの魅力にも引き込まれました。日本三大和薬のゲンノショウコ、ドクダミ、センブリ、ほかにも葛は根を生薬にしたものが葛根湯になりますし、サイカチは、実は日本に石けんが入ってくるまで髪を洗うのに使われていたハーブなんですよ。昔から日本に自生するそんな和のハーブは「日本の忘れ物」。滋賀県と岐阜県にまたがる伊吹山は和ハーブの宝庫で、時々摘みに行きます。香りや効用を試すのが楽しくなって、和ハーブ協会の和ハーブ検定1級を取得しました。

食については知るほどに深くて終わりがありません。自分で試して良いと思ったら、やっぱり大切な誰かに伝えたい。そのためには進化する知識を身につけたい。とどまることを知らない食への探究心は、そこにあります。

1「無農薬アサイーの濃縮エキスを配合した、抗酸化ドリンク。毎日飲んでいます」アサイー濃縮ドリンク効酸果(500ml)¥8,000／アビオス☎0120-441-831／http://www.abios.jp　2「自然農法で育てられた原料だけを使って醸造されたみりん。上品な甘みで、お料理に砂糖をほとんど使わなくなりました」有機三州みりん(500ml)¥1,040／アムリターラ☎0120-980-092／http://www.amritara.com　3「活性パワーがアガリクスの50倍、プロポリスの1000倍以上というサプリメントです」ブロリコ¥5,520／イマジン・グローバル・ケア☎0120-497-265／http://www.brolico.jp　4「女性ホルモンアップの強い見方。スムージーに入れたり、ヨーグルトにかけています」体内美人　納豆粉末(50g)¥1,400／しかや☎0120-62-0710／info@shikaya.com　5「グルテンは体を疲れやすくするので、小麦粉はこれに替えました」スペルト小麦粉(1kg)¥830／TOMIZ(富澤商店)☎042-776-6288／https://tomiz.com/　6「厳選された国産大豆で仕込む、手間ひまかけたお醤油。使えば味の違いがわかります」特撰小豆島醤油(900ml)¥1,100／小豆島　金両醤油☎0120-1212-23／http://kinryo-shoyu.co.jp/

Surprised!!

お口すっきりに欠かせない愛用のマウスウオッシュ

「原液のまま口に含み、20秒くちゅくちゅして吐き出すと、汚れが目で確認できてびっくり。デートや会議前におすすめです」(左)プロポリンス(600ml)￥980、(右)プロポリンスホワイトニング(600ml)￥1,180／ピエラス☎0120-46-7270／http://www.pieras.co.jp

きめ細やかな泡立ちと椿油が肌の潤いを保ちます

「大島椿の椿油でしっとり。低刺激で優しい洗い上がり。ソープは洗顔にも」(右)アトピコ スキンヘルスケア ソープ(70g×2個・泡立てネット付)￥1,500、(左)アトピコ スキンヘルスケア ボディソープ(400ml)￥1,500／大島椿☎0120-457-178／http://www.oshimatsubaki.com

FAVORITES

美の習慣グッズ

顔の筋肉、ツボを鍼の刺激でリフトアップ

「鍼灸とフランスのエステ技術を融合させた美容鍼は、ソフトなタッチで肌を甦らせてくれるんです」エッフェルドゥース￥7,870／ハリジェンヌ芦屋店(芦屋市大原町28番1号パルテイー芦屋2F)☎0797-23-3690／https://harisienne.com

アロマボディマッサージは1ヶ月に1度のごほうび

「毎日コツコツが美の基本ですが、たまには人の手を借りることも大事。すっきりリンパも流れ、引き締まります」カリア梅田店(大阪市北区堂山町18-2若杉東梅田ビル6F)☎06-6362-3335／http://www.career-beauty.com

化学成分は無添加10年使い続けてます

「国産オーガニックにこだわったスキンケア。洗顔後にこの美容液をつけると幸せ気分です！」(右)リペアモイストWエッセンス(55ml)￥8,000、(左)UVラグジュアリーデイクリームII(SPF23・PA＋＋／35g)￥4,750／ブルークレール☎0120-251-307／https://www.blcl.jp

MY ゆる〜く続ける Goods

オールインワンの
ゲルクリームは忙しい人に

「北海道産ガゴメ昆布の毛染めは、トリートメントしながら自然に染まるのがいいんです」(右)レステモ オール イン モイスチャー ゲルクリーム(500g)¥8,400、(左)レステモ 北海道昆布ヘアカラー トリートメント(ブラック・200g)¥3,600/クレモナ☎0120-71-7148/http://www.717148.jp

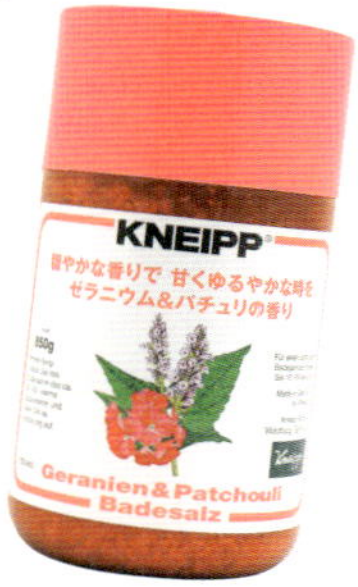

エッセンシャルオイル+
天然岩塩で肌がすべすべ

「このバスソルトは色や香りの種類が多く、その日の気分で選ぶのが楽しいんです。防腐剤やシリコン、鉱物油を使用しない、安心配合も気に入っています」クナイプ バスソルト ゼラニウム&パチュリの香り(850g)¥2,400/クナイプ☎0120-428-030/https://www.kneipp.jp/

100%天然由来原料に
こだわったアイカラー

「肌にやさしい化粧品を追求した、安心安全なメイクアップシリーズ。肌への負担が少なく、発色もキレイ」ナチュラグラッセ アイカラーパレット 03ピンクブラウン(チップ付)¥3,600/ネイチャーズウェイ☎0120-06-0802/https://www.naturaglace.jp

昼はマスカラ、
夜は美容液でマツ育

「ラピッドヘアで、加齢で薄くなった母の毛髪も生えました」(右)養毛料 ラピッドヘア(50ml)¥12,000、(中右)眉毛美容液 ラピッドブロウ(3ml)¥9,000、(中左)まつ毛美容液 ラピッドラッシュ(3ml)¥9,000、(左)大人リッチマスカラ¥3,800/ベリタス☎0120-13-1163/http://www.veritas-net.jp/

ピラティスで出会ったWataru先生。「自分の体を意識する」ことを教えてくれた世界的なリードインストラクターです

Let me introduce my mentor, Pilates.

シルク　サルサダンスをやっていてひどい腰痛になったとき、ヨガの先生がピラティスをすすめてくださったんです。大阪にすごい先生がいるとお聞きして、辿りついたのがワタル先生のおられるビーキューブでした。半年待って体験したクラスで、最初に姿勢チェックを受けて、いきなり衝撃を受けました。

ワタル　何十項目とあるチェックポイントから、動いているときと止まっているときの姿勢を見せていただきます。そうすると筋肉の強い部分、弱い部分が見えてくるんです。

シルク　腰痛の原因をはじめ、自分の体の状態や動作のクセをあまりに見事に言い当てられてもうびっくりして。サルサで回転できないのは練習不足や運動神経が悪いからだと思っていたのに、それは違うと知りました。

ワタル　ピラティスでは、その人の頭で考えて、その人の体で表現することを大切にしています。その反復で感度を高めて体を良くしていくのですが、シルクさんは感性が優れているので、それがすごくスムーズなんです。

シルク　「呼吸を意識する」ことから始まり、自分の体を意識する。そう切り替わったことが

“自分の体について、
初めて知る機会となりました”
（シルク）

PROFILE / **Wataru／上泉渉**

ビーキューブ®代表。ピラティス界の「アイビー・リーグ（名門校）」とも呼ばれる「ストットピラティス」本部がアジア＆日本で初めて認定したリードインストラクタートレーナー。柔道整復師。神戸女学院大学非常勤講師。宝塚音楽学校非常勤講師。日本のみならず、世界各国でインストラクター養成指導にも従事。

“シルクさんは筋膜についても、学びを深めておられますね”
（ワタル）

私の一番の変化でした。

ワタル　最初は体のメンテナンスを目的にされていたけれど、次第に指導者養成クラスにも参加なさって理論もしっかり学ばれていますよね。シルクさんは本当にニュートラル。どんなことも素直にすべてじわっと吸いこんでいかれます。ピラティスは動作を通して素敵な動かし方を身につけることができるという、鍛錬の方法でもあります。見た目も素敵になるというのは最後のおまけとしてついてくるものなんです。

シルク　筋膜を知ったのも、ワタル先生からでした。

ワタル　僕が筋膜を知ったのは8年位前です。肉と骨の勉強をする中で筋膜の存在は知っていたけれど、実はそれが大事だと当時初めてわかってきたんです。僕も、筋膜は体の動きにも関係があるのではないかと考えて、ピラティスの新しいステップとしてエクササイズに取り入れるようになりました。

シルク　筋膜に特化したクラスも始まって、私も参加するようになりました。

ワタル　膜はその場所によって仕事が違います。皮膚の下の膜は柔らかくてよく動いた方が良いし、骨の近くの膜は張り詰めている方が良い。ゆるませるだけではなく刺激が大切。でも両

“シルクさんの発見や気づき、そのフィードバックが面白くて”

（ワタル）

方を刺激しようと思うと同じアプローチでは難しい。そんな中で、シルクさんにとって自分の思う筋膜、そして必要なエクササイズが少しずつ見えているのではないでしょうか。

シルク　この本で紹介したように体のつながりを感じながら筋膜を刺激するエクササイズや、その後の筋力トレーニングといった流れは、ワタル先生のもとでいろんな知識を得たことから導かれたものなんです。

ワタル　シルクさんは常に新しい発見をされますよね。僕はシルクさんのフィルターを通して見えたピラティスの景色が、すごく面白いんですよ。

シルク　それは先生が一人ひとりの感覚を引き出すことがとても上手だからです(笑)。先生もそうですが、すごい先生ほど専門用語を使いませんよね。言葉の引き出しが多くて、簡単な言葉なのにすっと入ってくる。後から頭の中でそんな言葉がパズルのようにパチっとはまって疑問がクリアされるんです。

ワタル　体についての表現は感覚的なものですから、言葉にするのがとても難しいですよね。

シルク　裏打ちされた知識があるから、そのシンプルな言葉が出てくる。そういう方法と言葉、そしてアウトプットの大切さを教えていただいて、今は実践と同時に学んだことを誰かに伝えることを意識しています。

ワタル　この本もそうですよね。シルクさんが得た知識や、実践で得た感覚を、読者の方にできるだけシンプルに伝えていきたいというものですよね。

シルク　ピラティスとの出会いから始まり、筋膜も知るようになって、これは「自分の体を知る旅」だと思っているんです。それで、今度は自分が誰かの旅のお手伝いもできるといいなと思っていて。私も先生との出会いがなかったら、顔も体も重力に負けてどんどん下がって、ひどい体だったはずですから。

ワタル　これからも続くシルクさんの旅でどんな景色が見られるか、僕もとても楽しみにしています。

Silk

“「自分の体を知る旅」は、まだまだ続きそうです”

（シルク）

DATA /

ピラティス＆フィットネス　ビーキューブ®

URL：http://www.bbbcube.com/　〒542-0081 大阪市中央区南船場4-7-23　南船場第二東洋ビル4F　Tel＆Fax：06-6241-6362　営業時間／月～金10:00～21:00　土・日・祝日10:00～18:00〈完全予約制〉　定休日／年末年始及びビル休館日　【レッスン内容】ピラティスプライベート・フィットネスプライベート・ヨガプライベート・ピラティスマットグループクラス・ヨガグループクラスほか

PROFILE / **Akatsuka**

ビーキューブ®所属。「ストットピラティス」認定インストラクタートレーナー。宝塚音楽学校非常勤講師。「ご自身がウエイトトレーニングで感じていた疑問からピラティスと出会ったというAkatsuka先生。器具の扱い方から、体の仕組みや動かし方など、いつも気づきに満ちた丁寧なご指導で、わかりやすく教えていただいています」（シルク）

Epilogue

感謝の気持ちを忘れず、美容と健康は同時進行で

フランスにがん治療で評判の病院があります。そこで行うのは、笑い療法と食事療法のみだそう。笑いで免疫力を高め、体にいいものを食べる。それは本来人間が持っている力を高め、長く持続させる究極の方法なのかもしれません。

自分の体のことは、自分が一番知っておきたい。そのために大切なのは、「自分の体の声に耳を傾ける」こと。

仕事で電車や車の移動が長くなり、姿勢の悪さや自己流のサルサダンスで腰を痛め、起き上がるのも一苦労になったときに出会ったピラティスで、ようやく今までの自分の体のクセや、骨盤の歪みに気づきました。いかに使いすぎの筋肉や骨まわりがあり、筋膜がよじれているかが少しずつわかってきて、自分の体に謝りました。そりゃ病むわと…。

姿勢のクセは20分で出来上がります。それを直すのは大変なことですが、大丈夫！　この本を手に取ってくださったあなたは、すでに自分の体に意識が傾いているからです。

普段の生活にこの一冊をぜひお役立ていただければ幸せです。

大地と体がコネクトし、重力の中に体をゆだね、自由に感じて動ける体と心を取り戻してください。

あとがきにかえて

最後まで読んでくださった皆様に、心よりお礼申し上げます。そして胃がんで80代にして全摘手術をし、余命6ヶ月といわれながら食事や運動に自分のペースで励み、健康に明るく生きることの大切さを改めて教えてくれた私の母に感謝します。現在85歳、健在です。

1年間頑張って体をケアした成果を皆さんに見てもらいたくて、毎年自主製作しているカレンダーはもう12年目。お世話になっている皆様への、お歳暮がわりにも。2018年版は花結い師TAKAYAさんとの共作で、“シルク若冲を纏う”。

母の天性の陽気な性格もあり、抗がん剤の副作用である脱毛も、ラピッドヘアの育毛剤でフサフサに。そして、毎日ピラティスの下半身強化エクササイズも欠かしません。愛犬ルチアに癒やされてご機嫌です。

PROFILE

シルク Silk

大阪府出身、3月31日生まれ。大阪外国語大学(現・大阪大学外国語学部)卒業。1985年、小学校からの同級生・ミヤコと漫才コンビ『非常階段』を結成。数々の賞を受賞し脚光を浴びるも、96年、相方の死去によりタレントに転向。テレビ、ラジオで活躍するほか、全国で女性限定の美容イベント「シルクのべっぴん塾」を開催。独自の美容メソッドは幅広い年齢層の女性から絶大な信頼を得ている。和ハーブ検定1級、ダイエット検定1級、筋膜フィットネスコース修了、筋膜ムーブメントレベル1修了、ピラティスインストラクター、野菜ソムリエプロ、ソムリエデルオーリオ(オリーブオイルのソムリエ)など美と健康に関する資格を取得。著書に『シルクのべっぴん塾 若顔&美BODY SUPER RECIPE』『シルクのべっぴん塾 美欲』『シルクのべっぴん塾 てっぱんダイエット』、DVDに『シルクのDVDべっぴん塾』。

よしもとの美容番長シルクのブログ

「シルクのべっぴん日記」

https://blogs.yahoo.co.jp/silk_de_sil_vous_plait

Special Thanks to

ボディーアートジャパン
大阪市中央区常盤町1-3-8
☎06-6945-6340
http://www.bodyart.co.jp

STAFF

Art Director
藤村雅史

Designer
星 冴香(藤村雅史デザイン事務所)

Illustrator
佐藤由実(藤村雅史デザイン事務所)

Text-constructor
青山ゆみこ

Photographer
石倉和夫(Cover&Gravure)
小坂和義(HOW TO)

Hair & Make
西山 舞/ルガール(Cover&Gravure)
石原千秋(HOW TO)

Stylist
田中雅美(Cover&Gravure)

Management
岡田真以

Proofreader
玄冬書林

Editor
池上 薫
新井 治

※本書に掲載の商品情報は2018年1月現在のものであり、価格は税抜となります

シルクのべっぴん塾
足裏コロコロで10歳若見え！
筋膜ゆるトレ

2018年2月26日　初版発行

著者　シルク

発行人　内田久喜
編集人　松野浩之

発行　ヨシモトブックス
〒160-0022　東京都新宿区新宿5-18-21
03-3209-8291

発売　株式会社ワニブックス
〒150-8482　東京都渋谷区恵比寿4-4-9
えびす大黒ビル
03-5449-2711

印刷・製本　シナノ書籍印刷株式会社

ISBN978-4-8470-9649-5

CHECK IT!

ポスターを切り離してご使用ください。
表面は「習慣にしたい！基本のリリース」、
裏面は「三大お悩みを解決！老け顔防止メソッド」に
なっています。キレイと健康のために毎日続けたい、
シルク流の筋膜ゆるトレの基本です。
壁に貼っても、折りたたんで使ってもOK！
さあ、私とごいっしょに今日からスタートしましょう。

Let's do it !!